Martin Rütter
Sprachkurs Hund

„Wir Menschen sollten viel genauer hinschauen und uns mehr auf die Sprache der Hunde einlassen, als ständig zu erwarten, dass sie uns verstehen."

Martin Rütter

KOSMOS

Zu diesem Buch

„Warum macht er das nur?" „Das hat er plötzlich aus heiterem Himmel getan." Alles Sätze, die ich ständig in meiner täglichen Arbeit mit Menschen und ihren Hunden höre. Viele Menschen haben eine sehr innige Beziehung zu ihrem Hund, leben glücklich und zufrieden mit ihm. Jedoch gibt das Verhalten des Hundes ihnen immer wieder Rätsel auf. Und in den Medien ist leider häufig von der „Unberechenbarkeit einiger Hunde" zu lesen.

Martin und Mina – zwei die sich zuhören und verstehen.

Mich erschreckt, dass wir seit über 14.000 Jahren mit Hunden eng verbunden zusammenleben und scheinbar immer noch wenig über deren Verhalten wissen. Viel zu häufig werden Hunde leider von ihren Menschen, aufgrund von Unwissenheit, falsch verstanden. Aus meiner Sicht ist die Basis eines entspannten und intensiven Zusammenlebens aber, dass man sich versteht. Dieselbe Sprache zu sprechen, sich verständlich zu machen, ist die Grundvoraussetzung für ein friedliches und für alle Seiten glückliches Leben.

Hunde haben eine andere Sprache als wir Menschen. Dieses Buch möchte Ihnen bei der Vermittlung zwischen der hündischen und menschlichen Sprache helfen und als Dolmetscher fungieren.
In inzwischen 17 Jahren, in denen ich mich intensiv mit Hundeerziehung, aber vor allem auch mit Hundeverhalten beschäftige, lerne ich immer wieder dazu. In diesem Buch habe ich meine Erfahrungen und Beobachtungen zusammengetragen. Ich will Ihren Blick für hündisches Verhalten, für hündische Sprache, schärfen. Dies geschieht nicht nur an Beschreibungen, an Fallbeispielen, sondern auch anhand von vielen Bildern, die das unglaublich differenzierte Kommunikationsgeflecht unserer Haushunde für Sie erklärbar und verständlich machen.

Als vollwertiger Sozialpartner für den Hund ist es unerlässlich, sich auf seine Sprache einzulassen und sie zu lernen. Nach dem Lesen wird Ihnen so manches Verhalten Ihres eigenen Hundes, oder auch anderer, die Sie täglich auf dem Spaziergang treffen, besser verständlich sein.

Dies ist kein Erziehungsratgeber im klassischen Sinne. Allerdings kann man aus meiner Sicht einen Hund nur dann gut erziehen, wenn man seine Psyche und sein Ausdrucksverhalten kennt und richtig interpretiert. Infolgedessen bin ich mir sicher, dass Ihnen dieses Buch auch bei der Erziehung Ihres Hundes hilfreich sein wird.

Viel Spaß beim Lesen und weiterhin viel Freude mit Ihren Hunden,
wünscht Ihnen

INHALT

Zu diesem Buch 2

Wie Hunde sprechen 6

Körpersprache und Mimik –
Der Schlüssel zu einer besseren Verständigung 8
Kommunikation – Definition und Erläuterungen 10

Wie Menschen sich verständigen 14

Verhaltensweisen des Menschen – was unser Körper verrät 16
Territorialverhalten – Besitzansprüche, die wir geltend machen 18
Imponiergehabe – was ich bin und was ich alles habe 19
Dominanz – früh übt sich, wer andere leiten will 21
Einsatz der Körpersprache – der Wahrheit auf der Spur 22

Vom Welpen zum Hund 24

Domestikation – wie der Wolf zum Hund wurde 26
Die vegetative Phase – wie Verhalten gesteuert wird 28
Die Prägephase – Vorbereitung auf ein sicheres Leben 34
DIE ERSTEN WOCHEN IM LEBEN EINES HUNDES 36

Die Welt der Gerüche 38

Mit der Nase voran – wie Hunde ihre Umwelt wahrnehmen 41
Markieren – die Übermittlung von Botschaften 44
AUF DEM HUNDESPAZIERGANG 48
Beschnuppern – mit Artgenossen in Kontakt 51
Wittern – was Düfte über ein Individuum verraten 52
Wälzen – warum sich Hunde gerne mit Düften umgeben 56
NASENSPIELE 58

Die Lautsprache der Hunde 60

Wahrnehmung von Geräuschen –
warum Hunde wissen, wann ihr Mensch nach Hause kommt 62
Gespitzte Ohren – wie die Ohrform das Hören beeinflusst 65
Unterscheidung von Tönen – warum Hunde Wörter lernen können 66
WORT-SIGNALE UND IHRE BEDEUTUNG 68
Bellen, Wuffen, Winseln –
über Laute dem Körper mehr Ausdruck verleihen 70
WARUM HUNDE BELLEN 78

Körpersprache und Mimik 88

Die Umwelt im Blick –
das Blickfeld und die Sehfähigkeit der Hunde 90
Alles in Bewegung –
wie Hunde Stimmungen über ihren Körper ausdrücken 94
Körperhaltung – der Spiegel in die Seele 102
Mimik – die vielen Gesichter eines Hundes 112
Beschwichtigungsgesten – Signale zur Konfliktvermeidung 118
HUNDE BESSER VERSTEHEN LERNEN 122

Körperkontakt und was er für Hunde bedeutet 124

Fellberührungen – warum Menschen Hunde so gern streicheln 126
Stoßen, Drängeln, Stupsen – Hunde sind nicht immer zimperlich 128
Kontaktaufnahme – Vertrauen schafft Nähe 132
VERTRAUEN AUFBAUEN 134
BEISSHEMMUNG 138

Service 140

Lexikon 142
Nützliche Adressen 147
Register 152

Wie Hunde sprechen

Körpersprache und Mimik – Der Schlüssel zu einer besseren Verständigung

Sie können Ihren Hund nur verstehen, wenn Sie sich intensiv mit der Hundesprache auseinandersetzen und lernen, hündisch zu kommunizieren. Nur so können Sie Ihrem Hund zu verstehen geben, was Sie von ihm möchten bzw. erkennen, was er Ihnen mit seinem Verhalten sagen will. Ein Hund ist nicht in der Lage, abstrakte Ansichten und Meinungen auszudrücken. Sein Verhalten stützt sich eher auf bestimmte Gefühle, Wünsche und Instinkte. Wir dürfen nicht vergessen, dass ein Hund „nur" ein Hund sein kann. Er denkt weder über Vergangenes nach, noch blickt er in die Zukunft – er lebt im Hier und Jetzt. Auch sprachlich drückt er sich weniger verbal als über seine Körpersprache aus, im Gegensatz zu uns. Nicht nur durch die Tatsache, dass wir Menschen eher in der Lage sind, unser Verhalten reflektiert zu betrachten, als der Hund dies kann, sondern vielmehr auch aus Respekt dem Hund gegenüber, sollten wir uns so gut wie möglich den Kommunikationsmöglichkeiten unseres Hundes anpassen.

1) Zunächst schaut Debby Andrea auffordernd an.

2) Mit dem Anstupsen der Schublade dokumentiert Debby deutlich, was Andrea tun soll.

3 und 4) Debby hat es geschafft! Andrea folgt ihrer Aufforderung. Wäre diese gestellte Situation die Realität, würde hier der Hund seinen Menschen erziehen und nicht umgekehrt.

Eine Sprache mit vielen Facetten

Ein Grund, warum uns die Kommunikation so viele Schwierigkeiten bereitet, ist das schnelle Wechselspiel der Hundesprache. Hatte ein Hund bis vor ein paar Sekunden noch die dominante Rolle, zeigt er sich jetzt „devot". Nicht nur dieses sehr häufige schnelle Wechselspiel der Rollen innerhalb des hündischen Beziehungsgeflechtes macht die Kommunikation der Hunde so komplex. Das Kommunikationsrepertoire unserer Haushunde besteht aus vielen Facetten und ist weit mehr als Bellen, Knurren, Beißen. Der Satz: „Aus heiterem Himmel hat der Hund plötzlich...", ist in aller Regel falsch. Uns Menschen sind nur häufig die entsprechenden Signale des Hundes entgangen oder wir haben sie schlichtweg falsch interpretiert.

Wir sollten also lernen, Hunde genauer zu beobachten, damit uns all die schnellen und kleinen Signale der für uns doch fremden Sprache nicht entgehen. Sie müssen sich dennoch nicht gleich wie ein Hund aufführen, denn auch das birgt Gefahren und Missverständnisse in sich. Wir sollten dem Hund zum Beispiel auch unsere Mimik und Gestik beibringen, und ihm zeigen, dass von einem lächelnden, Zähne zeigenden Menschen keine Gefahr zu erwarten ist.

Um die Sprache der Hunde jedoch verstehen zu können, müssen wir zuerst einmal wissen, was Kommunikation überhaupt bedeutet.

 Wichtig

Missverständnisse

Die meisten Probleme zwischen Mensch und Hund resultierten aus Kommunikationsmissverständnissen untereinander.
Im Laufe des Hundelebens spielt man sich aufeinander ein; man denkt, der Hund verstehe jedes Wort, und bemerkt nicht, wie oft man aneinander vorbeiredet.

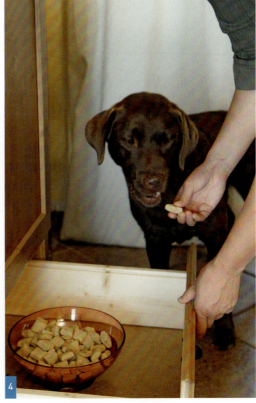

Kommunikation – Definition und Erläuterungen

Kommunikation (lat. *communicare* = teilen, mitteilen, teilnehmen lassen; gemeinsam machen, vereinigen) bezeichnet auf der menschlichen Alltagsebene den wechselseitigen Austausch von Gedanken in Sprache, Gestik, Mimik, Schrift oder Bild. Im erweiterten Sinn ist Kommunikation das wechselseitige Übermitteln von Daten oder Signalen, die einen festgelegten Bedeutungsinhalt haben, auch zwischen tierischen und pflanzlichen Lebewesen und technischen Objekten oder Systemen.

Sender und Empfänger

Um von Kommunikation zu reden, sind zunächst immer ein Sender, ein Signal und ein Empfänger notwendig. Der Sender überträgt ein Signal zu einem Empfänger. Das Signal trägt dabei die zu sendende Information. An der Reaktion des Empfängers merkt der Sender, ob sein Signal angekommen ist und ob es verstanden wurde. Reagiert der Empfänger nicht oder nicht richtig auf das Signal, sendet er durch seine Reaktion wiederum ein Signal zurück an den Sender, in diesem Fall ist der Empfänger der Sender und der Sender der Empfänger.
Geben Sie Ihrem Hund einmal das Signal „Sitz". An seinem Verhalten können Sie nun erkennen, ob Ihr Signal angekommen ist oder nicht. Setzt sich Ihr Hund, dann wissen Sie, dass das Signal Ihren Hund erreicht hat und dieser es auch verstanden hat.

1) Beutespiel zwischen Martin und Gaia.

2) Martin begibt sich körperlich auf Gaias Ebene. Hier absolut kein Problem, da beide ein gutes Verhältnis zueinander haben.

3) Martin beendet das Spiel.

Bleibt Ihr Hund stehen oder legt sich hin, gibt er Ihnen dadurch zu verstehen, dass er entweder „Sitz" nicht ausführen möchte oder die Bedeutung des Wortes nicht wirklich verstanden hat. Für Sie bedeutet das entweder an Ihrer Beziehung zum Hund zu arbeiten, damit er Ihre Signale befolgt, oder Ihrem Hund das Signal besser verständlich zu machen. Bei sehr alten oder am Gelenkapparat erkrankten Hunden kann es auch sein, dass das Signal aufgrund von Schmerzen nicht ausgeführt wird.

Mensch-Hund-Beziehung

Seit etwa 14.000 Jahren leben wir Menschen mit Hunden zusammen, haben uns von ihnen vor gefährlichen Tieren und Einbrechern beschützen lassen, sind mit ihnen zur Jagd gegangen, haben unsere Schafe und Rinder hüten lassen und haben letztlich durch Zucht ihre Gene so manipuliert, dass sie für uns zu optimalen Begleitern wurden.
Bis heute ist die Beziehung zwischen Mensch und Hund bzw. Hund und Mensch immer enger geworden, aber das Verständnis für den Hund nicht unbedingt größer. Der Hund lebt mit uns auf „hündisch", egal ob wir ihn verstehen oder nicht. Waren Hunde früher reine Nutz- und Arbeitstiere, die z. B. Haus und Hof bewachten, sind sie mittlerweile richtige Familienmitglieder geworden und dienen nicht selten auch als Kind- oder Partnerersatz. Glücklicherweise werden die Tiere kaum noch in Zwingern gehalten, meist leben sie ganz eng mit ihrer Familie, ihrem „Rudel" im Haus und verbringen jede freie Minute mit ihnen. Dieses Leben kommt dem Hund als Rudeltier natürlich sehr entgegen. Er ist kein Einzelgänger, der gerne für sich alleine lebt. Aber dieses enge, gemeinsame Zusammenleben, in dem der Hund nur noch ausschließlich als Sozialpartner für die Menschen dient, macht es uns Menschen scheinbar so unendlich schwer, den Hund als das zu betrachten, was er ist: Ein Hund.
Für viele Menschen ist es daher im Alltag nahezu unmöglich, sich auf die Kommunikationsebene des Hundes zu begeben.

Gemeinsamkeiten von Mensch und Hund

Wie ist es überhaupt zu dieser engen Beziehung gekommen, wieso ist der Hund als einzige von Tausenden Tierarten der „beste Freund des Menschen"? Blickt man zurück in die Zeit unserer Vorfahren und die der Wölfe, so versteht man den Grund für die enge Bindung an den Wolf/Hund. Wir sind dem Verhalten der Hunde nämlich gar nicht so fern, wie wir es vielleicht annehmen möchten. Mensch und Wolf leben in einer Rudelgemeinschaft, gehen im Rudel auf die Jagd, um gemeinsam Beute machen zu können, ziehen die Nachkommen in der Gemeinschaft auf und kommunizieren über Körpersignale und Mimik. Durch die Zivilisation ist es nur verständlich, dass sich nicht nur an der Mensch-Hund-Beziehung, sondern auch an der Hund-Mensch-Beziehung etwas geändert hat, der Hund als Haustier sozusagen eine starke Aufwertung bekommen hat.
Unser Bedürfnis, das Wesen Hund immer mehr zu durchschauen und zu verstehen, wächst. Früher war es den Menschen relativ gleichgültig, was ihr Hund dachte. Solange er seine Arbeit vernünftig erledigte, bekam er sein Futter hingestellt, und wenn er alt wurde, kam schnell Ersatz her. Die Beziehung war bei Weitem nicht so herzlich und innig, wie sie heute meist zwischen Menschen und Hunden besteht. Dies wird auch an den vielen Institutionen deutlich, die sich erst seit einigen Jahrzehnten entwickelt haben und von der Liebe zum Tier profitieren. Hierzu gehören z. B. Hundehotel, Dogsitter, Hundefriedhof oder Tierpsychologen.

 Wichtig

Vermenschlichung

Hunde werden häufig nicht mehr als solche gehalten, sondern oft vermenschlicht. Wir Menschen meinen es gut, beschreiben es als Tierliebe und verstehen häufig nicht einmal die wahre Bedeutung, die uns ein Hund mit seinem Blick oder seinem Verhalten zeigt. Die Körpersprache der Hunde wird oft fehlinterpretiert, emotionalisiert, vermenschlicht.

Wie Menschen sich verständigen

Verhaltensweisen des Menschen – was unser Körper verrät

Bevor wir uns genauer mit der Körpersprache eines anderen Lebewesens beschäftigen, sollten wir uns zuerst einmal über die der eigenen Spezies im Klaren oder besser bewusst sein. Vielen von uns ist gar nicht klar, wie unmissverständlich wir mit unserem Körper sprechen und wie stark wir ihn auch einsetzen können. Wie soll man auf Anhieb die Körpersprache eines anderen Lebewesens deuten können, wenn man nicht einmal die eigene Körpersprache kennt. Automatisch spielen sich Vermenschlichungen ein, da wir die wahre Bedeutung nicht erkennen können oder wollen.

Die Sprache des Körpers

Wir sprechen mit unserem Körper und reagieren auf die Körpersprache anderer, kommunizieren, ohne dass wir uns dessen eigentlich bewusst sind. Körpersprache bedeutet, dass der Körper mit der Umwelt kommuniziert. Nicht nur Reden ist eine Sprache. Unser Körper kann Verlangen, aber auch Abwehr nonverbal ausdrücken. Möchte der Körper einen Wunsch transportieren, wird der Ausdruck des inneren Bedürfnisses stets diesem entsprechend sein. Reagiert der Körper auf Angebote von außen, kann die Reaktion sowohl positiv als auch negativ ausfallen. Diese Signale werden als Körpersprache verstanden (Molcho 2001). Auch hier unterlaufen uns sicher einmal Fehlinterpretationen, gerade bei fremden Menschen, die man noch nicht so recht einzuschätzen weiß.

Im Fall von Jeanette und Max (Foto rechts) sprechen die Körper eine deutliche Sprache. Max hat die Schultern angehoben, den Kopf nach vorne gerichtet und die Individualdistanz zu Jeanette dadurch verringert. Er nimmt eine drohende Stellung ein. Im Gegenzug dazu, lässt

1) Entspanntes Gespräch zwischen Jeanette und Max.

2) Drohendes Verhalten von Max gegenüber Jeanette.

Nicht nur Hunde setzen gezielt ihren Körper zur Kommunikation ein. Auch wir Menschen teilen viel über unsere Körpersprache mit.

Jeanette die Schultern hängen, weicht mit ihrem Körper zurück und geht auf Abstand zu Max. Dadurch möchte sie die Situation deeskalieren und Max damit milde stimmen.

Aktion und Reaktion

Unterhalten wir uns mit jemandem, so sehen wir ihn automatisch an und beobachten ihn, um Reaktionen ablesen zu können. „Und Reagieren ist eine Form des Agierens. Aktion äußert sich in Bewegung und bedeutet, dass der Andere aufgenommen hat, was ich signalisiert habe." (Molcho 2001). Reagiert das Gegenüber, heißt es aber nicht zugleich, dass die Botschaft auch akzeptiert wurde. Sie wurde vielleicht nur wahrgenommen, aber es wird nicht explizit darauf reagiert. Hat man nun das Gefühl, sein Gegenüber nicht erreicht zu haben, intensiviert man seine verbalen oder nonverbalen Signale, obwohl man zuvor nicht die Absicht hatte, so deutlich zu werden (Molcho 2001).
Diese Verstärkung gibt es auch beim Hund, oft hört man: „Er hat plötzlich, ohne zu warnen, zugebissen!" In Wirklichkeit wurden die vorhergehenden Signale ignoriert oder einfach nicht gesehen.
Unsere Körpersprache sowie auch die sämtlicher anderer Lebewesen auf der Erde, ist angeboren. Man möchte es kaum glauben, aber auch in uns stecken noch biologisch begründete Signale von Territorialverhalten, Imponiergehabe und Dominanz.
Vergleicht man die nun folgenden menschlichen Verhaltensweisen mit der Hundewelt, wird man auf verblüffende Parallelen treffen.

Territorialverhalten – Besitzansprüche, die wir geltend machen

Territorial- und Revierverhalten lassen sich nicht nur in der Tierwelt beobachten. Hiermit werden das eigene Revier, der eigene Lebensraum beschützt und gesichert. Tiere neigen dazu, ihr Territorium auf irgendeine Art zu markieren, sei es durch zurückgelassene Haare, durch Kot und Urin in Form von Duftmarken oder durch reine Anwesenheit.
Wir Menschen reagieren nicht anders, zum Beispiel,
> wenn wir einen Gegenstand an Stelle eines Haares zurücklassen: Dieses Verhalten kann man z. B. in Ferienzeiten beobachten, wenn Menschen „ihre" Liege am Pool mit einem Handtuch markieren;
> wenn wir Duftmarken, wie Parfüm auftragen und hinterlassen;
> wenn wir unser Revier durch reine Anwesenheit markieren bzw. durch ganz spezielle Form von Ordnung und Unordnung: So werden die Gemeinschaftsräume der Familie aufgeräumt gehalten, die anderen, z. B. Kinderzimmer, sind vor lauter Unordnung kaum für andere betretbar.

Ein Beispiel aus meinen Seminaren: Zu Beginn eines Seminars stelle ich die Tische immer in einer U-Form auf. Jeder Teilnehmer sichert sich dann auch sofort einen Platz, der mit etwas Persönlichem gekennzeichnet und nach den Pausen immer wieder aufgesucht wird. Dies ist nichts

Bei Vertrautheit sinkt das Bestehen auf Einhalten einer Individualdistanz.

anderes als territoriales Verhaltens, das wir alle kennen. Doch es kommt noch besser: Am zweiten Tag stelle ich die Tische in eine parlamentarische Form um und in 28 von 30 Seminaren fragen mich die Teilnehmer sofort, ob wir die Tische nicht wieder in die U-Form zurückstellen könnten. Die Anordnung und Sicherung eines eigenen Platzes schafft also in aller erster Linie Ordnung und verspricht Sicherheit.

Individualdistanz
Der Begriff des Territoriums ist nicht nur räumlich, sondern auch körperlich zu verstehen. Jeder Mensch hat und auch Tiere haben eine ganz eigene Individualdistanz. Wird diese unterschritten, geraten wir in Stress. Es gibt Menschen, die uns unangenehm auf die Pelle rücken, uns im wahrsten Sinne des Wortes zu nahe kommen. Dieses Verhalten kann man z. B. in öffentlichen Verkehrsmitteln beobachten. Betritt man einen Bus oder einen Zug, sucht man sich gerne ganz freie Doppelsitze oder Abteile. Kaum jemand wird sich neben eine fremde Person setzen, wenn noch irgendwo eine freie Ecke zu finden ist. Dafür durchqueren einige auch gerne ganze Zugwaggons, um noch einen freien Platz zu finden. Nur ungern kommt man Fremden so nah.
Bei anderen Menschen, z. B. Sozialpartnern, lassen wir diese Nähe gerne zu und suchen sie auch.
Ebenso ist der Mensch sehr empfindsam für oben und unten. Auch dies geht auf das Territorialverhalten zurück. Befindet sich etwas über jemandem, könnte es eine Übermacht sein. Der, der oben ist, hat den besseren Überblick über mich und die ganze Situation. Er ist im Vorteil, er kann freier handeln (Molcho 2001).

Abgewandte Körperhaltung – Bestehen auf eine große Individualdistanz.

Amos (rechts) imponiert, fixiert, stellt die Ohren nach vorne und seine Rute nach oben. Frieda beschwichtigt, weicht Amos aus, hat ihre Ohren zurückgelegt und ihren Körper abgeduckt.

Imponiergehabe – was ich bin und was ich alles habe

Auch wir Menschen haben das Bedürfnis, Überlegenheit zu demonstrieren. Man macht sich größer, stärker und schneller – „mein Haus, mein Auto, meine Yacht". Streckt jemand seinen Körper, macht er sich größer, hebt man seine Stimme, möchte man seine Macht, seine Energie zeigen. Wird das Kinn vorgestreckt, zeigt man starken Willen. Bei unseren Vorfahren reichte ein starker Bartwuchs, der einen kräftigen Unterkiefer und feste Bisskraft erahnen ließ (Molcho 2001).

Geschwellte Brust

Die geschwellte Brust gehört zum Imponiergehabe, sie ist reine Effekthascherei. Wer mit geschwellter Brust herumläuft, muss sich unbedingt beweisen. Er wirkt aufgeblasen und angeberisch, möchte aber Kraft demonstrieren. Ist der Brustkasten eingefallen, signalisiert der Körper hingegen mangelnde Energie und Handlungsbereitschaft.

Dominanz – früh übt sich, wer andere leiten will

„Signale von Dominanz gehen stets von oben nach unten. Wer legt dem anderen die Hand auf die Schulter? Wer stoppt den Vortrag des anderen, indem er seinen Arm berührt? Immer der hierarchisch Mächtigere. Wer würde dasselbe seinem Chef gegenüber tun? Wer fällt dem Gesprächspartner ins Wort? Herrschaftssignale auf Schritt und Tritt, nicht angeborene, sondern sozial erworbene. Wer über die Zeit verfügt und das Ende eines Gesprächs bestimmt, signalisiert sein hierarchisches Übergewicht. Ein wichtiges Indiz." (Molcho 2001).

Was Blicke verraten
Eine weitere Sequenz des Dominanzverhaltens ist der Blick. Es ist kein einfaches An- oder Vorbeischauen, es ist ein scharfer Blick. Konfrontation ist eine angeborene Reaktion, die auf Gefahr folgt. Nicht der scharfe Blick allein ist hier das Signal, sondern die Kombination von körpersprachlichen Einzelsignalen. Es ist ein System. Man steht aufrecht und straff, mit geradem Kopf, versteiftem Nacken, der Blick ist nach vorne gerichtet. Die Augen werden leicht zusammengezogen, als wolle man alle zurzeit unwichtigen Informationen ausblenden. Die Konzentration sowie die Energie sind auf einen einzelnen Punkt gebündelt. Die Konzentration ist nur auf den Gegner gerichtet, man lässt ihn nicht aus den Augen. Früher hätte es einem das Leben kosten können, heute ist das System der Zivilisation angepasst. Diese Zielfixierung und genaue Beobachtung fördern die Sprungbereitschaft. Ein kurzer strenger Blick ist auch heute noch eine klassische Drohgebärde und sagt dem Gegenüber unmissverständlich: „Komm mir nicht zu nah!" (Molcho 2001).

Mona (links) droht offensiv. Sie ist frontal Richtung Gaia (weißer Schäferhund) gerichtet, entblößt ihre vorderen Zähne und trägt ihre Rute hoch erhoben.
Gaia beschwichtigt: Ihre Mundwinkel sind weit zurückgezogen, die Ohren zurückgelegt, und sie zeigt mit der Vorderpfote ein beschwichtigendes Pföteln.

Einsatz der Körpersprache – der Wahrheit auf der Spur

Hunde sind Könner im Einsatz ihrer Körpersprache.

Ein Wort hat eine bestimmte Bedeutung, aber das Wort allein bildet noch keinen ganzen Satz. Bei der Körpersprache ist es nicht anders. Der ganze Körper spricht mit, bildet sozusagen Sätze. Jedes Körperteil hat verschiedene Ausdrucksmöglichkeiten und sagt für sich gesehen noch nicht unbedingt viel aus. Damit wir eine Sprache verstehen, müssen wir ihre Vokabeln erst lernen. Auch die Körpersprache hat ihre eigenen Vokabeln in den Körperteilen. Die Lautsprache kann lügen, widersprüchlich sein usw., der Körpersprache ist die Wahrheit anzusehen (Molcho 2001).

Jemandem die kalte Schulter zeigen

„Wie komme ich einem anderen vertrauensvoll entgegen? Tatsächlich erweckt derjenige Vertrauen, der dem anderen sozusagen seinen weichen Bauch ausliefert. Wer seitwärts, also mit den Schultern voran zu einem Partner tritt, isoliert ihn und sich. Jedenfalls hält er Distanz. Mit jeder Abwendung werden andere Optionen wahrgenommen, der Sicherheitsabstand zum Partner wächst. Wenden wir dem Partner unseren Mittelkörper zu, so wird diese Zuwendung zu Zuneigung und zu größerer Nähe führen. Je näher mir der andere kommt, umso mehr Vertrauen drückt er damit aus und fordert er auch von mir." (Molcho 2001).

Der Bauch ist der weiche Teil unseres Mittelkörpers, der nicht überall durch Knochen geschützt ist. Wir schützen ihn instinktiv vor Verletzungen. Auch das Verschränken der Arme vor dem Bauch ist ein Zeichen für „auf Distanz halten". Man schützt sozusagen den weichen Teil mit den Armen und geht damit auf Abstand zu seinem Gegenüber. Kommt dieser einem näher, weicht man unwillkürlich ein Schritt nach hinten aus.

Je freier und offener jemand seinen Bauch demonstriert, desto selbstbewusster und vertrauensvoller ist er auch. Wer mit offenen Armen und ungeschütztem Bauch auf jemanden zukommt, drückt aus, dass er als Freund kommt (Molcho 2001).

Über die Schulter schauen

Ebenso unangenehm wie das Unterschreiten der Individualdistanz ist auch das Über-die-Schulter-Schauen. Wir empfangen zwar auch Informationen mit dem Rücken, aber es sind wesentlich weniger als mit den Augen.

Jemanden in unserem Nacken zu spüren, ist allein schon unangenehm, weil wir sehen möchten, was uns erwartet. Ertragen können wir diese Situation nur dann, wenn wir zu der Person hinter uns Vertrauen haben, sie uns Rückendeckung geben kann (Molcho 2001). Besteht keine Vertrauensbasis, drehen wir uns lieber um oder gehen weg.

Mimik

Unser erster Blick bei der Kommunikation mit anderen Menschen fällt auf das Gesicht. Im Kopf laufen alle Sinneswahrnehmungen zusammen, dementsprechend spiegelt sich auch viel im Gesicht wider. Hierzu wird die Mimik eingesetzt. Die Mimik verfügt über zahlreiche Darstellungsformen und kann auch sehr aufgesetzt wirken: z. B. falsches Lächeln. Widersprüche sind somit besser und sicherer an den Signalen des übrigen Körpers zu entdecken, sie lassen sich nicht so einfach beherrschen (Molcho 2001).

Völlige Vertrautheit und Entspannung zwischen Martin und Gaia.

Auge und Ohr

Ein direkter Blick bedeutet stets Konfrontation und geht auf Territorialkampf zurück. Das erste Drohsignal wird von den Augen gesendet. Wer den Gegner mit offenem Blick konfrontiert, möchte ihm sein Territorium streitig machen. Wird der Blick gesenkt, unterwirft er sich (Molcho 2001).
Augenbrauen dienen nicht nur zum Schutz vor Blendung, Staub und Schweiß. Sie sind voller Ausdrucksmöglichkeiten. Bei Interesse heben sie sich, bei Konzentration auf Details verengt sich der Blick und die Augenbrauen ziehen sich bedrohlich erscheinend zusammen, sind wir skeptisch, hebt sich nur die eine usw. (Molcho 2001).

Domestikation – wie der Wolf zum Hund wurde

Info

Domestikation

Hierbei handelt es sich um einem innerartlichen Veränderungsprozess von Wildtieren oder -pflanzen, bei dem diese durch den Menschen über Generationen hinweg von der Wildform genetisch isoliert gehalten werden. Damit wird ein Zusammenleben mit dem Menschen oder Nutzung durch diesen ermöglicht.

„Zoologisch gesehen sind Haushunde Säugetiere, sie gehören zu den Landraubtieren. Hierzu zählt man als Familie unter anderem die Bären, Marder, die Katzen- und die Hundeartigen oder Caniden." (Feddersen-Petersen 2004).

Spricht man vom Hund, so bezieht man immer auch seinen Vorfahren, den Wolf mit ein. Doch inwieweit ähneln sich diese beiden Tiere überhaupt, und wurde die Ähnlichkeit mit fortschreitender Domestikation immer geringer? Oder hat man auch heute noch ein Raubtier in seinem Wohnzimmer liegen?

Fest steht, dass in jedem Hund die Gene eines Raubtieres stecken. Allerdings wurde der Hund durch die Domestikation, die Jahrtausende lange Haltung beim Menschen, die Erziehung und Anpassung an die Umwelt geprägt. Ein Hund muss z. B. nicht jeden Tag sein Leben vor anderen Raubtieren schützen, die meisten Hunde leben wohlgenährt und sicher in den Menschenfamilien. Hunde haben ein hohes Bindungsbedürfnis, sind sehr lernfähig, was sie an wechselnde Umweltverhältnisse sehr anpassungsfähig macht.

Welches Verhalten ein Hund in bestimmten Situationen wählt, hängt von sehr vielen Umständen ab. Hierzu gehören die Lernerfahrungen, Triebe und individuellen Abneigungen, das Wesen des Hundes, das Vorhandensein von Fluchtmöglichkeiten in der jeweiligen Situation und von den erfahrenen Konsequenzen des ursprünglich versuchten Verhaltens (vgl. O'Heare 2004).

Ginala will spielen, Debby ignoriert.

Ginala stupst Debby im Maulbereich und buhlt um Aufmerksamkeit.

Parallelen und Unterschiede

Deutliche Ergebnisse lieferten auch die Vergleiche der Lebensformen und Verhaltensweisen. Die ersten Entwicklungswochen verlaufen völlig parallel. So beträgt die Tragzeit bei Wolf und Hund 63 Tage, die Welpen öffnen ihre Augen nach ca. neun bis zwölf Tagen, hören nach ca. 15 bis 20 Tagen und werden die ersten drei Wochen ausschließlich von ihrer Mutter gesäugt. Danach würgt ihnen die Mutter vorverdaute Nahrung hervor und reduziert gleichzeitig das Säugen der Welpen, bis es nach sechs bis acht Wochen völlig ausbleibt. Handelt es sich um Hundewelpen, werden sie nun, meist im frühen Alter von acht Wochen, abgegeben, Wolfswelpen hingegen bleiben bei ihrem Rudel. Mit acht bis zehn Wochen verlassen die Wolfswelpen das erste Mal ihren Bau, bleiben aber immer in dessen Nähe und ziehen erst zwischen der 27. und 32. Woche mit dem Rudel mit.

Der Hundewelpe, der bei Menschen aufwächst, hat eine ganz andere Weiterentwicklung. Anstatt seine ihm angeborenen Verhaltensweisen auf seine Rudelmitglieder zu übertragen, zeigt er sie gegenüber dem Menschen. Der Mensch hat nun auch die Aufgabe, den Hund weiter zu sozialisieren. Im Rudel geschieht dies automatisch durch den Kontakt der ganzen Wolfsfamilie zu den Welpen.

Welpe, zwei Tage alt.

Die vegetative Phase – wie Verhalten gesteuert wird

In den ersten 14 Tagen nach der Geburt zeigen Welpen genetisch fixierte Verhaltensweisen. Diese Phase wird als vegetative Phase bezeichnet. Aber bereits zu diesem Zeitpunkt beginnt der Welpe mit seiner Umgebung zu kommunizieren. Er zeigt bestimmte Reflexe auf Reize aus der Umwelt und lernt ganz schnell, welche Verhaltensweisen positive und welche negative Konsequenzen haben.

> **Info**
>
> **Hilfeschrei**
>
> Findet ein Welpe trotz Suchbewegung über längere Zeit keinen Körperkontakt zu seinen Wurfgeschwistern oder seiner Mutter, stößt er einen nur für Welpen in diesem Entwicklungsabschnitt typischen quäkenden Schrei aus. Die Reaktion der Hündin auf diesen Schrei ist angeboren. Sie beginnt sofort nach dem schreienden Welpen zu suchen und trägt ihn zu den anderen zurück. Nach ca. 12 Tagen reagiert die Hündin kaum noch auf diesen Schrei und auch der Welpe verliert langsam die Fähigkeit, ihn von sich zu geben.

Reflexbewegungen

Natürlich verfügt ein Welpe noch nicht über so viele Möglichkeiten der Körpersprache und Kommunikation wie ein erwachsener Hund – er ist in den ersten Tagen noch blind, taub und unfähig zu laufen. Die Natur hat den Welpen jedoch von Geburt an einige Verhaltensweisen, sogenannte „Reflexbewegungen" (Aldington 1986) mitgegeben, die für ihr Überleben von besonderer Bedeutung sind. Hierzu gehört z. B. die pendelnde Suchbewegung mit dem Kopf.

Pendelbewegungen und kreisförmiges Robben

Die Pendelbewegung unterstützt den Welpen bei der Suche nach einer Zitze. Sie spielt sich halbkreisförmig ab und erhöht somit die Chance, eine Zitze zu entdecken. Würden die Welpen sich nur nach vorne orientieren, könnten sie sich zu schnell von der Hündin entfernen.
Doch nicht nur die pendelnde Suchbewegung ist eine halbkreisförmige Bewegungsrichtung. Auch das Robben der Welpen ist kreisförmig. Durch dieses angeborene Verhalten besteht für die Welpen keine Gefahr der Unterkühlung, da sie infolge dieses Bewegungsmusters automatisch wieder in Richtung der Geschwister und der Mutter gelangen. Das kreisförmige Robben führt auch zu ständigem Körperkontakt der Welpen untereinander, da sie sich auf diese Weise häufig begegnen.

1) Leckstimulation und pflegende Dominanz der Mutter.

2) Welpen, acht Tage alt.

Leckstiumulation / pflegende Dominanz

Der Tagesablauf eines Welpen scheint sich in den ersten zwei Lebenswochen nur um Atmen, Schlafen, Saugen, Wachsen und Ausscheiden zu drehen. Letzteres können die Welpen auch nur durch Leckstimulation der Mutter. Sie massiert mit ihrer nassen, warmen Zunge den Bauch, den Rücken und die Seiten jedes einzelnen Welpen solange, bis die Motorik der Blasen- und Darmmuskulatur die Aktion des jeweiligen Schließmuskels ausführt. Ohne diese Massage wären die Welpen nicht in der Lage, sich zu lösen! Auch die „Atemreflexe" (Aldington 1986) werden hierdurch beeinflusst. Die Leckstimulation der Mutter ist ein instinktives Verhalten, wird aber auch durch die Blutabsonderung und den Geruch der Nabelschnurenden ausgelöst. Durch das Lecken versorgt die Mutter die Wunde der Nabelschnur, bis sie verheilt ist. Diese Leckstimulation führt auch dazu, dass die Welpen von Beginn an lernen, vor der Hündin auf dem Rücken zu liegen und stillzuhalten, wenn sie es wünscht. Man spricht insofern auch von pflegender Dominanz.

> **Wichtig**
>
> **Milchtritt**
>
> Der Milchtritt ist ein weiterer wichtiger Reflex. Er dient dazu, das Gesäuge der Mutter zu stimulieren. Außerdem stößt der Welpe dadurch nicht mit seiner Nase an den Bauch seiner Mutter. Indem er sich mit seinen Vorderbeinen abstemmt, bekommt er genug Luft beim Saugen.

Entwicklung des Nervensystems

Äußerlich mag der Eindruck von jungen Hundewelpen ziemlich passiv sein. Sogar die Messungen ihrer Gehirnströme im EEG (Elektroenzephalografie) zeigen einen Dauerschlafzustand an, der erst mit 18 Tagen in Schlaf- und Wachzustand zu unterscheiden ist. Doch diese vegetative Phase ist nicht zu unterschätzen. Die Welpen können von Geburt an z. B. warm und kalt unterscheiden. Alle Sinne, die im späteren Leben am wichtigsten sind, sind bei der Geburt des Welpen noch völlig unterentwickelt. In dieser vom Schlaf angeführten Phase zeigen sich wichtige Wachstums- und Differenzierungsprozesse des Körpers, des Gehirns und des Nervensystems.

Das Zentrale Nervensystem

Das Verhalten der Welpen ist zu Beginn sehr kopflastig. Die hier beschriebenen wenigen Verhaltensweisen, welche die Hundewelpen zeigen, hängen mit dem Zentralen Nervensystem (ZNS) zusammen. Das Nervengewebe ist noch nicht so stark ausgereift, als dass die Welpen schon mehrere Verhaltensweisen zeigen könnten.

Wir sollten uns bewusst machen, dass auch Motorik, Emotionen, Schlafen und Fressen Verhalten sind.

Dieses Verhalten wird vom Nervensystem koordiniert und findet statt, solange ein Tier lebt, solange Signale geleitet werden, solange Muskeln arbeiten. Das Zentrale Nervensystem befindet sich im Gehirn und läuft von da aus über das Rückenmark weiter. Es ist quasi das Steuerorgan des Körpers, hieran schließt sich das Periphere Nervensystem an. Es ist stark verzweigt und gibt Informationen aus dem ZNS weiter, umgekehrt werden von der Außenwelt Rückmeldungen an das ZNS geleitet.

Weiterleitung von Reizen

Man unterscheidet schnelle (ca. 120 m/Sekunde) und langsame (ca. 1 m/Sekunde) Nervenzellen. Mit den schnellen Nervenzellen werden unter anderem Informationen, die von außen kommen, über das ZNS an das Gehirn weitergeleitet, z. B. Muskelbewegungen. Die langsamen Nervenzellen sind „nackt", wohingegen die schnellen von einer Eiweißhülle, der Myelinscheide, umgeben sind. Nach der Geburt sind erst einmal fast alle Nervenzellen ohne diese Eiweißhülle. Einige lebenswichtige Bezirke sind allerdings bereits vor der Geburt von der Eiweißhülle umschlossen. Hierzu gehören die Zuleitungen der Schnauze, die Tastnerven, die Kiefermuskeln und der nicht-akustische Bereich des Hörnervs, mit dem das Gleichgewichtsorgan verbunden ist. Diese schnellen Nervenzellen sind überlebenswichtig, durch ihre Informationen werden Reflexe und Schutzmechanismen eingeleitet. Erst in den ersten zwei Lebenswochen bildet sich die Myelinscheide im Bereich des abführenden Fortsatzes der Nervenzellen. Er wird Axon genannt und leitet die Informationen von der einen zur nächsten Nervenzelle weiter.

Die Bildung der Myelinscheide folgt einer ganz bestimmten Reihenfolge. Sie beginnt dort, wo die Nerven das ZNS verlassen. Je näher diese Nerven am Kopf liegen, desto eher beginnt die Umhüllung.

Info

Was Verhalten aussagen kann

Das Verhalten sagt sehr viel über die Persönlichkeit eines Hundes aus. Anhand dessen, wie ein Hund geht, oder wie er frisst, lassen sich häufig Rückschlüsse ziehen, welche Form eines Problems auftritt bzw. wo die Ursache eines Problems liegen kann.

Ausgelassenes Welpentoben von sechs Wochen alten Wurfgeschwistern.

Hierdurch lässt sich auch die fast nur vom Kopf und Vorderkörper ausgehende Bewegung der Welpen erklären. Sie sind noch nicht in der Lage ihre Hinterbeine konkret zu steuern, da die dafür benötigten Nerven einfach noch nicht stark genug ausgebildet sind. Die Axone der Nervenzellen für die Motorik der Vorderbeine sind frühzeitiger umhüllt als die der Hinterbeine.

Je mehr sich die Myelinscheide im Körper ausbildet, desto besser werden auch die motorischen Fähigkeiten der Welpen. Diese Entwicklung findet tatsächlich von vorne nach hinten statt. Bei ausgewachsenen Tieren werden die Reize 50 bis 100-mal schneller von den myelinisierten Nervenfasern übermittelt.

Regelkreis der Verhaltenssteuerung

Da die Entwicklung der Nerven von besonders wichtiger Bedeutung für die Welpen ist, sollte man auch nur so wenig wie möglich eingreifen. Ein Welpe wird z. B. die Zitze seiner Mutter schon finden, wenn er nur richtig sucht, er braucht dafür keine menschliche Hilfe.

Im Schlaf werden die Eindrücke verarbeitet.

Die Tiere wissen instinktiv, dass sie sich bei Hunger Nahrung suchen müssen und sich, wenn sie frieren, bewegen müssen. Anschließend werden sie für ihr Verhalten durch das Futter oder die Wärme belohnt und lernen dadurch wichtige Verhaltensabfolgen.

Stress
Leichter Stress ist für den Organismus wichtig, nur so kann er sich richtig entwickeln.

Zu Beginn steht die Motivation etwas zu verändern, z. B. durch Hunger, danach folgt automatisch die Appetenz, also das Suchen von Futter. Haben die Welpen die Nahrungsquelle erreicht, folgt die Endhandlung, das Saugen an den Zitzen, bis ein Sättigungsgefühl einsetzt, das zum Erlöschen der Motivation führt. Erst die dauerhafte Stimulation eines Organs bestimmt, wie gut es ausgebildet wird. Fällt ein Sinn, wie z. B. das Sehen aus, so wird der Geruchssinn dauerhaft stimuliert und ist ausgereifter und leistungsfähiger.

> Motivation = Hunger
> Appetenz = Suchen und Aufsuchen
> Endhandlung = Saugen
> Erlöschen der Motivation = Sättigung

 Tipp

Motivation

Der Regelkreis der Verhaltenssteuerung ist hinsichtlich der Kommunikation mit dem Hund und für die Erziehung des Hundes von entscheidender Bedeutung. Ein Hund, der keine Motivation hat zu essen, wird kaum mit Futter für eine Aufgabe zu begeistern sein. Ein Hund, der keine Motivation hat zu spielen, wird sich durch ein Bällchen nicht von einem anderen Hund ablenken lassen. Möchte man für das Training also belohnende Hilfsmittel einsetzen, muss der Hund auch motiviert sein, diese zu erlangen. Außerdem darf man das Training nur solange betreiben, solange die Motivation des Hundes noch nicht erloschen ist.

Ginala blickt aufmerksam mit nach vorne gerichteten Ohren in die Kamera. Die weich herunterhängenden Vorderpfoten signalisieren jedoch, dass sie völlig entspannt ist.

Die Prägephase – Vorbereitung auf ein sicheres Leben

Nach Abschluss der vegetativen Phase, also zu Beginn der dritten Lebenswoche, öffnen sich die Ohrkanäle und die Augen des Welpen. Von da an treffen so viele neue Reize auf den zuvor noch tauben und blinden Welpen ein, dass er erst gegen Ende der dritten Lebenswoche in der Lage ist, die neuen auditiven und visuellen Reize aus der Umwelt zu verarbeiten.

Nach und nach lernt er die Umweltreize zu deuten und darauf zu reagieren. Der Welpe wird motorisch immer sicherer in seinen Bewegungen, er beginnt eigenständig zu urinieren und zu koten, die Schlafphasen verkürzen sich und die Welpen agieren miteinander. Der Kontakt der Welpen untereinander ist nun von großer Bedeutung und geht über das Kontaktliegen hinaus. Auch die Beziehung zwischen der Hündin und ihren Welpen verändert sich, sie wird ihnen gegenüber deutlicher, ruppiger und bereitet sie auf ein selbstständiges Leben vor.

Ginala darf bei der toleranten Debby einiges.

Debby ist souverän und ignorant.

Förderung von Verhalten

Umso wichtiger ist nun, dass das Sozialverhalten der Welpen gefördert wird, damit sie lernen, auf welches Verhalten welche Reaktion folgt. Die Sozialisation ist wichtig, damit sie ihr Repertoire an Körpersprache einzusetzen wissen.

Sobald die dafür wichtigen Muskelgruppen entwickelt sind, kann ein Welpe knurren, mit der Rute wedeln, den Nasenrücken runzeln usw. Dies sind angeborene Fähigkeiten. Richtig einsetzen und deuten kann der Welpe sie allerdings noch nicht. Learning by doing. Daher ist der Kontakt der Hunde untereinander auch so wichtig. Wurde diese Phase verpasst oder konnte sie nicht richtig ausgelebt werden, hat der Hund im späteren Leben nur eingeschränkt die Fähigkeit, mit anderen Hunden adäquat zu kommunizieren.

Dasselbe gilt natürlich auch im Umgang mit dem Menschen. Wächst der Welpe isoliert auf und hat kaum Kontakt zu Menschen, wird er diesen gegenüber immer etwas unsicher bleiben.

Ganz anders ein Welpe, der engen Kontakt zu seiner Züchterfamilie hat und in dieser Phase bereits die unterschiedlichsten Zweibeiner wie Kinder, Jugendliche, Männer, Frauen, ältere Menschen, Menschen mit Behinderungen usw. kennenlernt.

Noch unsicher, aber neugierig wird die Kamera beäugt.

Die ersten Wochen im Leben eines Hundes

Wie die Alten so die Jungen
Der optimale Start ins Leben beginnt bereits vor der Geburt mit der Auswahl der Elterntiere. Diese geben nicht nur ihren genetischen Hintergrund an ihren Nachwuchs weiter, sondern auch charakterliche Eigenschaften, die sie vorleben. Daher ist es zum einen wichtig zu wissen, was genetisch in einem Hund steckt, zum anderen sollte man die Zuchthunde ständig im Hinblick auf ihr Wesen überprüfen. Eine Mutterhündin, die sich vor Angst verkriecht, wenn sich Besucher nähern, zeigt ihren Welpen bereits in den ersten Wochen, dass fremde Menschen mit Vorsicht zu genießen sind. Sicherlich keine optimalen Bedingungen!

Die Züchterfamilie
Während der Prägungsphase müssen die Welpen viele verschiedene Eindrücke sammeln und mit unterschiedlichen Reizen in Kontakt kommen. Ein guter Züchter wird seinen Welpen täglich etwas Neues zu entdecken geben. Dies fängt an mit dem bunten Bällebad und diversen Untergründen im Welpenauslauf, wie z. B. Gras, Sand oder Kies. Die Welpen lernen Geräusche wie z. B. laute Musik oder den Krach des Rasenmähers kennen. In der achten Lebenswoche werden bereits erste Ausflüge in die nähere Umgebung unternommen, es gibt einen Spaziergang über eine duftende Wiese und vielleicht auch einmal einen Abstecher zum kleinen Bach. Ganz nebenbei lernen die Welpen das Autofahren kennen, ganz eng an Mama gekuschelt alles kein Problem!

Mutter und Geschwister
Etwa ab der vierten Lebenswoche sind beim Welpen alle Muskelgruppen vollständig entwickelt, so dass sie in der Lage sind, sämtliche Formen der Kommunikation auszuführen. Sie können dann bellen, knurren, die Nase krausziehen oder fixieren. Diese ersten Signale werden jedoch noch sehr undifferenziert eingesetzt, der Welpe muss die Bedeutung der Signale und die richtige Anwendung erst noch lernen. Dies erfolgt im Spiel mit den Geschwistern und in der Kommunikation mit Mama. Die Mutterhündin übt dies gezielt mit ihren Welpen. So sucht sie sich z. B. eine Beute und wartet darauf, dass sich einer der Welpen nähert. Nach einem Drohfixieren folgt ein warnendes Knurren und sofort darauf ein

kurzer Nackenstoß. Dieser Welpe hat nun, genauso wie einige weitere, die das Geschehen verfolgt haben, gelernt, dass man sich Mama besser nicht mehr nähert, wenn diese drohfixiert bzw. knurrt!

Kontakt zur Außenwelt

Welpen, die isoliert in einem Zwinger gehalten werden, und dort außer einem eventuellen Welpenkäufer, der einmal einen Blick durch das Gitter wirft, nichts kennenlernen, werden es schwer in ihrem weiteren Leben haben. Da können die Elterntiere noch so guter Abstammung sein, Welpen benötigen unbedingt die Möglichkeit, selbst Erfahrungen zu sammeln. Daher sollte bereits in dieser Zeit möglichst viel Kontakt zur Außenwelt hergestellt werden. Unterschiedliche Menschen, ob Mann oder Frau, groß oder klein, Kind oder älterer Mensch, erweitern die Erfahrungen des Welpen. Denn nur so kann der Welpe später einmal ein selbstsicherer und souveräner Hund werden.

Abgabe des Welpen ins neue Zuhause

Im Alter von acht Wochen geht es bei den Welpen bereits recht turbulent zu. Sie besitzen einen großen Erkundungsdrang, dem ein Züchter kaum noch gerecht werden kann. Denn ein Ausflug mit einer solchen Meute ist ohne viele Helfer kaum möglich, und ein gezieltes Training mit jedem einzelnen Welpen wird zeitlich nur schwer umsetzbar sein. Daher sollten die Welpen jetzt an ihre neuen Halter abgegeben werden.

Die Erziehung geht weiter

In der Sozialisierungsphase geht es dann eigentlich erst so richtig los. Nach zwei bis drei Tagen der Eingewöhnung im neuen Zuhause, ist es Aufgabe der neuen Halter, mit ihrem Welpen die Welt zu entdecken. In dieser Zeit bis zur sechzehnten Lebenswoche soll der Welpe alles das kennenlernen, was für ihn später einmal im Leben normal sein soll. Angefangen von seltsam gekleideten Menschen, über den Umgang mit anderen Artgenossen, bis hin zu den unterschiedlichsten Geräuschkulissen wie z. B. in der Stadt oder auf dem Bahnhof, erfährt der Welpe durch die gemeinsamen Unternehmungen, sich an seinem neuen Halter zu orientieren und auf ihn zu vertrauen.

Die Welt der Gerüche

Mit der Nase voran – wie Hunde ihre Umwelt wahrnehmen

Der Hund ist ein Tier mit ausgezeichnetem Geruchssinn, ein sogenannter Makrosmat („Nasentier"). Hunde riechen ständig, überall und über sehr große Distanz. Mit Hilfe ihrer Nase definieren und beurteilen sie ihre Umwelt.

Die Nasenschleimhaut des Hundes

Schätzungen nach ist das Geruchsvermögen des Hundes eine Million Mal empfindsamer als das des Menschen. Würde man die Nasenschleimhäute eines Hundes ausbreiten können, so käme man auf eine Gesamtoberfläche von bis zu 130 cm². Um die Unmengen an Informationen verwerten zu können, besitzt das Riechzentrum des Hundes 40-mal mehr Zellen als die entsprechende Hirnregion beim Menschen. Die Nasenschleimhaut des Menschen hingegen hat nur eine Gesamtoberfläche von 5 cm² (vgl. Anger M.A., Volkert 1991). Die äußere Nase des Hundes dient der Geruchszuleitung und funktioniert umso besser, wenn die Nasenöffnung möglichst groß und der Nasenschwamm ständig feucht ist (vgl. Aldington 1986).

Immer der Nase nach …

Irish-Setter-Hündin Ziska ist auf Fährtensuche.

Die Riechtechnik des Hundes

Hunde haben auch eine andere Riechtechnik als wir Menschen. Versucht ein Mensch einen bestimmten Geruch wahrzunehmen, geht er zunächst in die Richtung oder nahe an den Gegenstand heran und atmet tief ein. Hunde hingegen versuchen immer zu riechen und atmen stoßweise, damit das Riechepithel nicht ermüdet. Der Hund kann beim Schnüffeln bis zu sechsmal in einer Sekunde einatmen.

Mit diesem guten Geruchssinn ausgestattet, sind Hunde in der Lage, noch nach Tagen der Spur eines Lebewesens zu folgen. Dieses Erschnüffeln mit der Nase ist für den Hund eine starke körperliche und psychische Anstrengung. Lawinensuchhunde z. B. müssen nach 20-minütiger Suche ausgewechselt werden. Sie sind nach dieser intensiven Suche völlig erschöpft.

Das vomeronasale oder Jacobsonsche Organ

Hunde, Katzen und Pferde besitzen das vomeronasale oder Jacobsonsche Organ, das sich hinter den oberen Vorderzähnen im Maul befindet. Hiermit sind die Tiere in der Lage, Chemikalien geruchlich festzustellen, indem sie schwache oder wichtige Signale zu einer einfacher zu unterscheidenden Form verarbeiten (vgl. Neville 1992).

 Info

Duftsignale

Die olfaktorische Kommunikation betreibt der Hund, indem er Duftsignale anderer Hunde aufnimmt und selbst Signale hinterlässt. Das Hinterlassen solcher Botschaften kann sowohl unbewusst passieren, wie z. B. über die Schweißspur der Pfoten (siehe S. 55), als auch bewusst eingesetzt werden, wie z. B. über das Markieren (siehe S. 44).

Mit der Nase voran – wie Hunde ihre Umwelt wahrnehmen 43

Gezieltes Anleiten beim Erschnüffeln einer Fährte. Mensch und Hund jagen gemeinsam.

Markieren – die Übermittlung von Botschaften

Grundlegend gibt es vier zu unterscheidende Formen des Markierens:
> das Urinieren selbst,
> das Scharren,
> das Defaekieren und
> das Reiben an einem Menschen/Gegenstand.

Urinieren

Das Urinieren hat zunächst einmal die Bedeutung, sich den anderen mitzuteilen, eine Nachricht über sich selbst zu hinterlassen und im Gegenzug zu erschnüffeln, wer der andere ist. Der Urin trägt verschiedene Duftstoffe, sogenannte Pheromone, die den anderen Hunden Informationen über das Alter, den Gesundheitszustand, das Geschlecht usw. vermitteln.

Das Markieren mit Urin ist so unterschiedlich wie auch der Charakter eines jeden Hundes. Welpen urinieren im Hocken. Sie nutzen das Urinieren noch nicht zum Markieren. Erst mit der Pubertät verändert sich dieses Verhalten. Hündinnen gehen oft weiterhin tief in die Hocke, manche heben dabei aber auch ein Bein. Die meisten Rüden heben das Bein zum Markieren an einer erhöhten Stelle, wie z. B. an einem Baumstamm. Einige urinieren aber auch weiterhin im Stehen bzw. im Hocken. Je gezielter der Hund seinen Urin hinterlässt, desto größer ist sein Bedürfnis zu markieren.

Amos versucht, so hoch wie möglich zu markieren.

Pina markiert. Bein und Rute sind erhoben.

Kennzeichnung des Reviers
Markieren kann auch zur Orientierung und Revierkennzeichnung dienen. Der amerikanische Psychologe und Wolfsforscher Roger Peters konnte feststellen, dass die Wölfe sich mit Hilfe von Urinmarkierungen auf gewissen strategisch günstigen Stellen Hilfe bei der Orientierung schaffen. Sie können sich so eine eigene „geistige Karte" ihres Jagdreviers fertigen. Gewisse Stellen auf den Wegen, spezielle Passagen, Grenzen und andere wichtige Stellen werden markiert, so dass sich das Rudel leichter und besser orientieren kann. Andererseits können andere Wölfe davon abgeschreckt werden, in ihr Revier einzudringen. In Verbindung mit ihren Wanderungen durch das Revier, erneuern sie ständig ihre Duftmarken, die durch Regen und Wind abgeschwächt werden (Hallgren 1995).

Markieren als Zeichen des Zusammenhalts
Bei Hunden, die im selben Haushalt leben oder sich sehr gut kennen, sieht man häufig ein gegenseitiges Übermarkieren, ohne dass dabei eine klare Rangposition deutlich wird. Bei Hündinnen kann es sogar vorkommen, dass sie gleichzeitig nebeneinander pinkeln – sozusagen gemeinsam eine Stelle markieren.
Zielgerichtetes Übermarkieren kann als Festigung des Zusammengehörigkeitsgefühls gedeutet werden, und wird z. B. bei Wölfen häufig unter den Leittieren gezeigt (Bloch, 2009). Auffälliges Markieren und Scharren jedoch in Richtung des Nachwuchses, scheint eine visuelle Rangdemonstration zu enthalten (Bloch, 2009). Nach Gansloßer (2007) ist das Markieren Sache aller und nicht das Vorrecht Ranghoher.

Manche Hunde gehen ganz weit in die Wiese oder ins Gebüsch, um zu Markieren.

Markieren als territorialer Ausdruck

Markieren hat auch beim Hund territoriale Bedeutung. Markiert ein Hund versteckt, kommt danach aus dem Gebüsch und tut so, als wenn nichts gewesen wäre, so kann es zum einen ein Zeichen für seinen niedrigen territorialen Anspruch sein. Zum anderen kann der Hund aber auch stark territorial sein und versuchen, durch das versteckte Markieren der Entdeckung durch den vorherigen Reviermarkierer zu entgehen. Die Intention eines Hundes kann man erst deuten, wenn man eine Regelmäßigkeit feststellt.

Geht der Hund hingegen ständig hin und her und kann sich nicht entscheiden, wo er markieren soll, so hat er ein starkes territoriales Bewusstsein. Er markiert nicht irgendwo, sondern sucht sich die Stellen ganz genau aus. Hier gibt es allerdings zwei verschiedene Ausprägungen: Zum einen gibt es den Hund, der gezielt eine Stelle sucht, die er übermarkieren kann. Zum anderen gibt es den Hund, der auf keinen Fall dort markieren will, wo schon andere Hunde waren.

Dreht sich der Hund beim Markieren zum Menschen um und schaut ihn an, ist dieses Verhalten als eine klare Geste an den Menschen gerichtet: „Das ist meins, hast du es gesehen?"

Submissives Urinieren

Es gibt verschiedene Formen des submissiven Urinierens. Immer jedoch ist es ein Zeichen von Unterwürfigkeit.

Uriniert der Hund in Rückenlage, fordert er zum Versorgungsverhalten auf. Jeder Hund hat im Welpenalter pflegende Dominanz (siehe S. 29) der Mutter erlebt und dabei nichts Negatives erfahren. Ein Hund, der in Rückenlage uriniert, „hofft", dass sein Gegenüber ihm eher parentales als aggressives Verhalten zeigen wird. Zugleich stellt er sich als infantil (kindlich) und unbedrohlich dar.

Uriniert der Hund submissiv in gehockter Haltung, z. B. bei der Heimkehr des Menschen, kann es ein Ablenkungsverhalten aus Unsicherheit sein. Beobachtet man die Hunde dabei genau, sieht man auch, dass der Kopf leicht seitlich gehalten wird. Die Ohren liegen zurück und ein Rundrücken ist zu erkennen. Meist sind es Hunde, die gelernt haben, dass das Zeigen von normaler Unterwürfigkeit alleine nicht ausreicht. Aus Angst urinieren sie zusätzlich und zeigen somit völlige Unterwerfung (vgl. Neville 1992).
Ignorieren Sie Ihren Hund in diesem Fall, beugen Sie sich nicht über ihn, um seine Unsicherheit nicht noch zu verstärken.

Scharren

Die zweite Form des Markierens ist das Scharren, das sowohl ohne uriniert zu haben, als auch häufiger nach dem Urinieren oder Koten vom Rüden und auch von der Hündin gezeigt werden kann. Der Hund steht beim Scharren mit allen vier Pfoten aufrecht und imponierend. Über die Schweißdrüsen an den Pfoten hinterlässt er Botschaften für andere Hunde.

Häufig beobachtet man das Scharren des Hundes, wenn andere Hunde oder Menschen sich in Sichtweite befinden. Falls der andere das Urinieren selbst nicht gesehen hat, kann der scharrende Hund hiermit Aufmerksamkeit bekommen. Manchmal wird dem Scharren auch ein Knurren beigefügt, um dem Ganzen noch mehr Bedeutung zu verleihen. Durch das Scharren heben die Hunde zudem die markierte Stelle hervor, die durch die aufgescharrte Erde an Geruch gewinnt und von anderen Hunden auch besser gesehen wird.

Das Markieren wird durch das anschließende Scharren noch unterstrichen.

AUS DER PRAXIS

Auf dem Hundespaziergang

Hier war ich
Ein Hund setzt mit seinem Urin Markierungen, die geruchliche Botschaften für Artgenossen hinterlassen. Sehr häufig geht es dabei um territoriale Abgrenzungen, der Hund steckt sein Revier ab. Wie soll man sich als Mensch nun auf dem Spaziergang verhalten? Als erstes muss man dem Hund nach kurzer Zeit die Möglichkeit geben, sich zu lösen. Dies muss nicht unbedingt auf den ersten Metern erfolgen, aber relativ zu Beginn des Spaziergangs. Danach sollte der Mensch nicht ständig stehenbleiben und warten, bis sein Hund alle wichtigen Punkte markiert hat, er geht einfach weiter. Denn nicht der Hund ist für die Sicherung des Territoriums zuständig, sondern der Mensch. Im Freilauf macht es natürlich keinen Sinn, dem Hund das Markieren zu verbieten, indem man schimpfend zu ihm läuft. Dies würde dem Hund nur zeigen, dass sein Mensch unsouverän ist, da er sich über ein Markieren so aufregt.

Hallo Kumpel
Hunde brauchen Kontakt zu Artgenossen! Was bietet sich da mehr an, als ein Spiel mit dem Kumpel, dem man auf dem Spaziergang begegnet. Damit die Begegnung für beide Hunde positiv verläuft, sollten die Halter beider Hunde diese nicht aus großer Entfernung aufeinander zulaufenlassen. Denn dann besteht die Gefahr, dass sich aus der Dynamik eine aggressive Situation entwickelt, die in ruhigem Zustand gar nicht aufgekommen wäre. Der erste Kontakt erfolgt zumeist durch einen Nase-zu-Nase-Kontakt und geht dann über in ein Analwittern. Hier tauschen die Hunde die wichtigsten geruchlichen Informationen aus, es entscheidet sich, ob man den anderen „riechen" kann. Danach geht man entweder seiner Wege oder es findet auch ein wildes Lauf- und Tobespiel statt.

Welpe trifft Hund
„Der hat doch Welpenschutz!" Diesen Satz hört man häufig von erstaunten Welpenbesitzern, die erschrocken ihren kleinen Liebling von einem erwachsenen Hund, dem sie auf dem Spaziergang begegnet sind, nach einer lautstarken Korrektur des älteren Hundes wegnehmen. Welpenschutz gibt es jedoch nur im eigenen Rudel, und auch hier kann

sich ein Welpe nicht alles bei Mama erlauben. Daher ist es vollkommen normal, dass ein erwachsener Hund einen frechen und aufdringlichen Welpen in seine Schranken verweist und z. B. durch einen Schnauzgriff, begleitet von einem lauten Knurren, korrigiert. Warum auch sollte ein Hund einen fremden Welpen schützen? Dieser gehört nicht zu seinem Nachwuchs und spielt daher für ihn keine Rolle.

Wenn zwei sich nicht mögen
Genauso wie wir Menschen nicht alle anderen Menschen mögen, haben auch Hunde Sympathien und Antipathien. Daher gilt es nicht, dem Hund „Sozialkontakt um jeden Preis" zu ermöglichen, sondern vielmehr gezielt auszuwählen. Wer seinen Hund gut kennt, weiß bald um dessen Vorlieben und Abneigungen. Wenn zwei Hunde sich nicht mögen, sieht man dies bereits nach wenigen Sekunden. Schon von weitem beäugen sich die beiden Hunde skeptisch, sie gehen eher langsam aufeinander zu, um den anderen genau auszuloten. In der Regel sind Auseinandersetzungen bei Hunden nicht darauf ausgelegt, den anderen zu töten, denn man könnte dabei ja selbst verletzt werden. Daher versucht jeder der beiden Kontrahenten sich möglichst groß zu machen, die Haare werden gesträubt, die Rute hoch über dem Rücken getragen. Die Bewegungen sind eher steif und wenn die Hunde nun auch noch beginnen, sich gegenseitig zu begrenzen, wird es jetzt spätestens Zeit, die Begegnung zu beenden. Finden sich zwei Hunde unsympathisch, sollten die Menschen ihre Hunde zu sich rufen und den Spaziergang einfach weiter fortsetzen. Beschäftigen sich die Hunde aber bereits sehr intensiv miteinander, kann das Abrufen eines Hundes vom anderen Hund als Schwäche ausgelegt werden und erst recht zu einem Angriff führen. Hier sollten beide Menschen bevor es kritisch wird, kommentarlos den Spaziergang fortsetzen und sich voneinander entfernen. So haben beide Hunde die Möglichkeit, sich zu trennen, ohne das Gesicht zu verlieren.

Ich bin dann mal weg
Gerade unsichere Hunde versuchen einem Sozialkontakt oft aus dem Weg zu gehen. Sie wollen keinen Streit und sehen in einer Begegnung mit einem fremden Artgenossen, den sie aus der Ferne gar nicht einschätzen können, eine Gefahr. Wenn dann aber entgegenkommende Hunde mit Vollgas auf sie zulaufen, sehen sie gar keine andere Möglichkeit mehr, als die Flucht zu ergreifen. Leider führt dies häufig dazu, dass die entgegenkommenden Hunde erst recht hinter dem Flüchtenden herlaufen! Ein lustiges Jagdspiel hinter einer fliehende Beute kommt ihnen zur rechten Zeit. Sind es dann vielleicht auch noch mehrere Hunde, die dem Flüchtenden hinterherjagen, kommt es schnell zu Mobbingsequenzen! Der Mensch kann einem solchen Hund am besten helfen, indem er ihn an die Leine nimmt, und die entgegenkommenden Hunde nicht an seinen Hund heranlässt. Er stellt sich einfach dazwischen und schickt die fremden Hunde im Idealfall sogar aktiv weg. Dies erleichtert nicht nur das Leben des unsicheren Hundes, es fördert auch die Beziehung zu seinem Menschen, auf den er sich verlassen kann!

Kommt ein Hund in vollem Tempo auf einen anderen zugerannt, kann es diesem schon einmal mulmig werden.

Defaekieren

Auch durch das Koten kann ein Revier markiert werden. Der Hund hat links und rechts, ein bis zwei Zentimeter hinter dem Aftereingang, zwei etwa erbsengroße Analdrüsen, die ein Sekret absondern. Das ölige und stark riechende Sekret trägt den ganz individuellen Geruch eines Hundes und wird in geringen Mengen bei jedem Kotabsatz mitgeführt. Ist ein Hund massiver Panik oder Angst ausgesetzt, können sich die Drüsen auch schlagartig entleeren.

Defaekieren bei Angst und Aufregung

Sich zu lösen dient der Möglichkeit zur schnelleren Flucht, dazu kann sogar erbrochen werden. Der Körper kann somit alle Energie für die Flucht bereitstellen und muss sich nicht mit Nahrungsverwertung und Verdauung belasten.
Der Hund löst sich auch, um den drohenden Rivalen mit dem stark riechenden Faeces abzulenken. Dies erklärt, warum Hunde in Stresssituationen oft Durchfall bekommen. Dieses Symptom ist auch Menschen in solchen Situationen, z. B. vor Prüfungen, nicht unbekannt.

Reiben an einem Menschen/Gegenstand

Eine weitere Form des Markierens ist das Reiben an einem Menschen oder Gegenstand. Der Hund geht dabei dicht am Menschen oder dem Gegenstand vorbei und reibt sein Fell an ihm. Dadurch hinterlässt er am geriebenen Objekt seinen Geruch. So kann er z. B. Besitzansprüche deutlich machen.

Auch über den Kot werden wichtige Informationen weitergegeben.

Beschnuppern – mit Artgenossen in Kontakt

Begegnen sich zwei fremde Hunde, existiert zwischen den beiden noch keine Rangordnung! Um sich richtig einschätzen zu können, tauschen die Tiere erst einmal Informationen aus. Dies regeln sie zunächst durch intensives Beschnuppern.
Je nach Alter der Hunde zeigen sich hier auch unterschiedliche Verhaltensweisen. Ganz junge, meist hungrige Welpen suchen bei anderen Hunden in der Bauchgegend nach einer Zitze, etwas ältere achtwöchige Welpen berühren häufig die Schnauzengegend (Futterbetteln), erwachsene Tiere beschnuppern das Gesicht, die Leistengegend und die Analregion am häufigsten (vgl. Aldington 1986).

Mona reibt sich an einem Menschen, um diesen für sich in Beschlag zu nehmen.

Wittern – was Düfte über ein Individuum verraten

Analwittern

Begegnen sich zwei Hunde, „begrüßen" sie sich durch Analwittern. Es dient der individuellen Erkennung, denn wie jeder Mensch so riecht auch jeder Hund anders.

Der unsichere Hund wird versuchen, das Analwittern zu vermeiden, klemmt die Rute ein und zeigt soziale Hemmung. Wie bereits erwähnt, befinden sich am After der Hunde die Analdrüsen, die den ganz persönlichen Geruch des Hundes wiedergeben. Klemmt der Hund die Rute ein, wird die Ausströmung des Duftes verringert.

Zunächst lässt sich Pina beschnüffeln.

Nun schnüffelt Pina auch bei Gaia.

Der Hund, der an sich riechen lässt, ist in dem Moment in der dominanten Position. Er kann von dem sozial schwächeren Hund verlangen genau zu riechen, mit wem er es zu tun hat, und somit soziale Sicherheit zeigen. Dieser Hund wird dabei die Rute hoch tragen und leicht wedeln, um seinen Geruch zu verbreiten.

Genitalwittern

Das Genitalwittern hat zum einen eine Begrüßungsfunktion untereinander, dient aber auch im Sexualbereich der Kontrolle der Paarungsbereitschaft.

Begrüßungsverhalten

Auch das Genitalwittern dient der individuellen Erkennung, jedes Individuum hat seinen eigenen Geruch. Ein Hund, der sich im Stehen im Genitalbereich beschnuppern lässt, zeigt sein Selbstbewusstsein dem anderen gegenüber. Wird er dabei vom anderen Hund im Genitalbereich beleckt, zeigt dieser damit submissives (unterwürfiges) Verhalten. Andererseits zeigt ein Hund, der sich in Rückenlage im Genitalbereich beschnuppern lässt, submissives Verhalten, er ist der Unterlegene, muss sich das Abschnuppern gefallen lassen.

Werden Menschen von einem Hund im Genitalbereich beschnuppert, drehen sich die meisten leicht weg, krümmen ihren Oberkörper, sagen: „Aus, Pfui" und zeigen durch ihre Körperhaltung aus Sicht des Hundes Beschwichtigung. Der Mensch sollte sich bei einer solchen Begegnung sozial sicher zeigen und – so merkwürdig es auch aussieht – seinen Genitalbereich nach vorne drehen und sich beschnuppern lassen. Denn wer sich beschnuppern lässt, ist sozial sicher. An dieser Stellte soll aber auch betont sein, dass Hundehalter ihre Hunde davon abhalten sollten, dies bei fremden Menschen zu tun. Wir leben schließlich in einer Menschengesellschaft, in der es auch gilt, andere Menschen durch den eigenen Hund nicht zu belästigen.

> **Info**
>
> **Hundebegegnungen**
>
> Kein Hund reagiert beim Zusammentreffen mit unterschiedlichen Hunden identisch! War der Hund bei der einen Begegnung mit dem einen Hund sozial sicher, kann es beim Zusammentreffen mit einem anderen Hund genau umgekehrt sein.

1) Mona inspieziert den Genitalbereich eines Welpen.

2) Pina unterwirft sich komplett und präsentiert Mona ihren Bauch und Genitalbereich.

Sexualfunktion

Indem die Hündin den Rüden im Genitalbereich beriecht und beleckt und ihren eigenen Genitalbereich demonstriert, zeigt sie sich paarungsbereit. Vermeidet sie das Genitalwittern und klemmt die Rute ein, ist sie noch nicht bereit, oder entscheidet sich schlichtweg gegen diesen Rüden.

Bodenwittern, Lecken, Zähneklappern

Das Bodenwittern, Lecken und Zähneklappern hat mehrere Funktionen. Es dient zum einen der Revierkontrolle als Vorstufe des Markierens oder der Kontrolle der Hitze im Sexualbereich. Das Zähneklappern ist immer ein Zeichen von starker Erregung. Dieses Verhalten tritt bei Rüden häufiger auf, kann aber durchaus auch bei Hündinnen zu sehen sein. Das Lecken zeigen Hündinnen aber auch als Camouflage-Verhalten. Sie lecken den Urin und Faeces der eigenen Welpen auf, damit ihr Wurf nicht von Feinden aufgespürt werden kann und das Lager sauber bleibt.

Amos bei der Revierkontrolle und intensivem Bodenwittern.

Rutewedeln

Eine wichtige Bedeutung in der olfaktorischen Kommunikation spielt beim Wedeln die Duftverbreitung durch die Violsche Drüse. Welpen und unterwürfige Hunde wedeln eher unten und mit der Rutenspitze, um den eigenen Geruch nicht zu stark aufkommen zu lassen. Sozial sichere Hunde hingegen wedeln häufig imponierend mit hoch getragener Rute. Es ist davon auszugehen, dass die Violsche Drüse dazu dient, Düfte zu verbreiten. Sie sitzt bei einem mittelgroßen Hund etwa 10 cm nach dem Rutenansatz auf der Oberseite der Rute. Bei manchen Hunden ist das Fell in dieser Region anders gefärbt, bei Wölfen ist sie immer gekennzeichnet.

Magic auf der Leberwurstfährte (die Spur besteht aus Wasser mit etwas darin gelöster Leberwurst).

Schweißspur

Bei jeder Bewegung, an jedem Liegeplatz, überall hinterlässt der Hund Spuren, anhand derer er sich orientieren, aber auch von anderen aufgespürt werden kann. Dass allerdings die Schweißspur dem Hund dazu dient, sich besser zu orientieren, ist unwahrscheinlich. Für den Hund existieren in der Natur sehr viele andere, stärkere Gerüche, die nicht so schnell verfliegen, wie z. B. der Kot und der Geruch von anderen Tieren. Schweiß ist in der Kommunikation von Hund zu Hund kaum von Bedeutung, zumal der Hund auch keinen gezielten Einfluss auf sein Schwitzen hat. Er besitzt nur an den Ballen Schweißdrüsen, die Thermoregulation erfolgt bei ihm über das Hecheln.

Wälzen – warum sich Hunde gerne mit Düften umgeben

Wälzen gibt es beim Hund in zwei verschiedenen Ausprägungen. Zum einen wälzen sie sich in Aas oder anderen übelriechenden Dingen, zum anderen wälzen sie sich auf dem Rasen, im Feld, auf dem Teppich usw.

Aaswälzen

Die Behauptung, Hunde würden sich in übelriechenden Sachen wälzen, um sich zu tarnen, ist meiner Erfahrung nach reiner Unsinn. Würde ein Hund sich wälzen, um sich zu tarnen, z. B. bei der Jagd, dann müsste er es doch auch tun, bevor er beginnt, einem aufgestöberten Kaninchen hinterherzujagen. Weiterhin würde man bei Jagdhundrassen bzw. bei Hunden, die einen starken Jagdinstinkt haben, stärkeres Aaswälzen beobachten können. Im Umkehrschluss müsste man auch feststellen, dass Hunde, die sich oft in Aas oder Kot wälzen, grundsätzlich stärkeres Jagdverhalten zeigen. Beides kann ich bei meiner Beobachtung im „Zentrum für Menschen mit Hund" nicht bestätigen. Ein weiteres Gegenargument gegen diese These ist meine Beobachtung, dass sich Hunde bis zur Geschlechtsreife so gut wie nie gezielt in Aas bzw. Kot wälzen, obwohl sie längst schon ausgeprägtes Jagdverhalten zeigen.

Als Imponiergehabe

Wichtig zur Erkennung des eigentlichen Grundes ist das daraufhin vom Hund gezeigte Verhalten. Nachdem er sich genüsslich in Aas gewälzt hat, schüttelt er sich, wird dynamisch, rennt zum Menschen, dreht Kreise oder läuft zu anderen Hunden. Er wählt hierbei immer den Imponiertrab oder Imponiergalopp und nie eine nicht imponierende Gangart. Der Hund nimmt nach dem Wälzen also Kontakt mit dem Menschen oder Artgenossen auf. Vergleicht man dieses Verhalten mit dem Parfümieren bei Menschen, wird die Bedeutung des Wälzens als eine Geste deutlich, um auf sich aufmerksam zu machen.
Der Mensch parfümiert sich ein, wenn er sich mit anderen Leuten trifft, aus dem Haus geht und mit seinem Geruch auf sich aufmerksam machen möchte. Beschließt man, den ganzen Tag allein zu Hause zu verbringen, wird man sich kaum in eine Parfümwolke hüllen.

Als Sexualverhalten

Auch die Körperstellen, die der Hund beschmutzt, sind hier von Bedeutung. Hals- und Nackenbereich, die Wangen und der Rücken, d. h. der Ansatz der Schwanzwurzel sind beim Hund erogene Zonen – der mittlere Rücken wird durch das Biegen der Wirbelsäule gezielt ausgespart. An den „parfümierten" Stellen werden die meisten Hunde am liebsten gekrault. Sie gehören auch mit zu den ersten Schnupperstellen und sind wichtige Körperstellen für die Paarung der Tiere. Hieraus lässt sich

Genuss pur für Mona.

schließen, dass das Wälzen der Hunde in Aas ein sexuelles Imponieren ist. Der Hund stellt sich sexuell dar, imponiert mit dem starken Geruch. Ferner ist gut zu beobachten, dass das gezielte Wälzen in Aas und Kot parallel bzw. kurz nach Beginn der Geschlechtsreife beginnt. Viele Halter fragen mich jedoch, warum auch ihr kastrierter Hund sexuell imponiert. Das hängt damit zusammen, dass Imponiergehabe nicht rein hormonell gesteuert ist. Man kann auch dies mit dem Parfümierverhalten von uns Menschen vergleichen – beim Ausgehen parfümiert man sich, um Aufmerksamkeit zu erregen und nicht, weil man zwingend auf Partnersuche ist.

Wälzen auf Rasen, Sand, Teppich

Wälzt sich der Hund hingegen auf dem Rasen oder im Sand, ist es oft nur ein Genuss und ein Zeichen von Entspannung, der Hund hat keine Gefahr von außen zu erwarten. Befindet sich aber ein Mensch oder ein anderer Hund in der Nähe, kann es wiederum als ein selbstsicheres Verhalten gedeutet werden. Der Hund ist auf dem Rücken liegend in einer völlig schutzlosen Situation. Die Tatsache, dass er diese Position aktiv von sich aus wählt, zeigt, dass er es „sich leisten kann" und von niemandem eine Attacke erwartet. Sich auf dem Rücken zu wälzen, im Beisein von Artgenossen, demonstriert starke soziale Sicherheit.

Nasenspiele

Wo ist das Leckerchen versteckt?
Die Nase des Hundes wird bei dieser Art von Spiel genauso gefordert wie die Konzentrationsfähigkeit. Ein Leckerchen wird dabei in einem Holzbrett in einer Öffnung versteckt, das der Hund erschnüffeln und dann freilegen muss. Dazu muss er entweder eine Lasche im Holzbrett mit der Nase wegschieben, eine Öffnung durch Drehung freilegen oder aber auch einen Teil des Holzbrettes hochheben. Anfangs hilft ihm der Mensch noch dabei, indem er die Lasche nur zur Hälfte schließt oder aber den Hund beim Drehen oder Schieben unterstützt. Da der Hund aber das Futterstück bereits in der Nase hat, wird er in der Regel schnell alles Mögliche ausprobieren, um daran zu gelangen. Man glaubt gar nicht, wie kreativ Hunde dabei werden können!

Suche nach Gegenständen
Viele Hunde finden das Spiel mit verschiedenen Gegenständen sehr spannend. Diese können aber nicht nur für ein Apportier- oder Hetzspiel verwendet werden, sondern auch für ein Suchspiel. Anfangs darf der Hund dabei zuschauen, wie der Gegenstand versteckt wird. Der Mensch geht verschiedene mögliche Verstecke ab, hinterlässt aber nur in einem die Beute. Als Versteck eignen sich z. B. hohe Wiesenbüschel, Astgabelungen oder Büsche. Damit das Spiel nicht langweilig wird, sollte man immer wieder neue Verstecke auswählen. Hat der Hund die Übung verstanden, kann man ein Signal hinzufügen, z. B. das Wort „Such" und eine schwingende Handbewegung in Richtung des Suchengebietes. Fortgeschrittene Sucher können dann nach mehreren Gegenständen suchen. Als weitere mögliche Steigerung der Schwierigkeit, lässt man den Hund dann gar nicht mehr beim Verstecken der Gegenstände zuschauen!

Schnüffelspur
Spuren verfolgen macht Hunden Spaß, das wissen nicht nur Halter von Jagdhunden! Für den Hund spielt es aber keine Rolle, ob er die Spur eines flüchtenden Kaninchens verfolgt oder eine vom Menschen gelegte Spur. Für dieses Spiel benötigt man lediglich eine nicht zu lang gewachsene Wiese, sowie ein paar weiche Leckerchen. Der Mensch geht auf der Wiese nun eine Spur, anfangs sollte er dabei kleine Schritte

machen, damit sich keine großen Duftlücken in der Spur befinden. In unregelmäßigen Abständen lässt er immer wieder einmal ein Leckerchen in die Spur fallen. Am Ende der Spur erwartet den Hund eine größere Menge Leckerchen oder aber eine andere spannende Beute. Der Hund soll bei diesen Vorbereitungen nicht zuschauen, denn sonst würde er spätestens beim zweiten Mal direkt zum Ende der Spur laufen. Nach dem Legen der Spur holt der Mensch seinen Hund und führt diesen an einer längeren Leine zum Start. In der Regel weiß ein Hund bereits nach ein paar Metern, was hier von ihm erwartet wird. Sollte er aber doch einmal von der Spur abkommen, hilft der Mensch ihm einfach wieder auf den Weg zurück.

Wo ist mein Mensch?
Nicht alle Hunde sind dazu zu motivieren, nach Futter oder Gegenständen zu suchen. Futter gibt es eh zu Hause und Gegenstände kann man schließlich nicht essen, warum soll man also Energie vergeuden, danach zu suchen? Eines jedoch wird wohl jedem Hund wichtig sein, der Mensch, mit dem er zusammenlebt. Der Hund darf bei diesem Spiel anfangs zuschauen, in welche Richtung sich sein Mensch entfernt, ein Helfer hält ihn dabei fest. Der gesuchte Mensch sollte dabei anfangs schnell und einfach zu finden sein, damit sein Hund bei der Suche Erfolg hat. Später dann werden die Verstecke immer komplizierter gewählt.

Hütchenspiel
Für dieses Spiel benötigt man fünf bis sechs stabile Plastikbecher und eine ausreichende Anzahl Leckerchen. Man beginnt zunächst mit einem Becher. Der Hund darf zuschauen, wie ein Leckerchen unter dem Becher versteckt wird. Danach soll er versuchen, an das Leckerchen zu kommen, indem er z. B. den Becher mit der Pfote umwirft oder mit dem Maul aufnimmt. Nun geht es an das eigentliche Spiel, es kommt ein zweiter Becher dazu. Der Hund schaut zu, wie der Mensch unter einem der Becher ein Futterstück versteckt, danach soll er dieses suchen. Anfangs kann der Mensch dem Hund dabei helfen, indem er in Richtung des Bechers zeigt, unter dem das Futter liegt. Später soll der Hund alleine, mit Hilfe seiner Nase, den richtigen Becher herausfinden.

Die Lautsprache der Hunde

Wahrnehmung von Geräuschen – warum Hunde wissen, wann ihr Mensch nach Hause kommt

Info

Hochfrequenzpfeifen

D.O.G.S. lehnt den Einsatz von hochfrequenten Pfeifen ab. Der Mensch muss wissen, ob die Pfeife bei der Anwendung überhaupt funktioniert hat, um richtig auf das Verhalten des Hundes reagieren zu können.

Der Hund riecht nicht nur besser als der Mensch, auch sein Gehörsinn ist dem des Menschen überlegen. Er lebt sozusagen in einer völlig anderen akustischen Welt als wir Menschen es tun.

Hörfrequenz

Ein Hund kann seine Ohren unabhängig voneinander in verschiedene Richtungen drehen, heben, senken und wenden. Der hörbare Hochfrequenzbereich liegt für das menschliche Ohr bei 20.000 Hertz (Hz), der des Hundes bei 50.000 Hertz. Daher können Hunde die extrem hohen Töne einer Hundepfeife hören, für uns liegen diese Werte im nicht hörbaren Ultraschallbereich.

Was allerdings den Niedrigfrequenzbereich betrifft, sind wir mit den Hunden auf gleichem Level, das Hörvermögen eines Hundes ist also 4-mal besser als das des Menschen.

Der sogenannte sechste Sinn

Hunde können ein Geräusch aus 4-mal größerer Entfernung hören als wir Menschen. Oft spitzen sie die Ohren, wenn der Mensch nicht einmal das leiseste Geräusch wahrgenommen hat, bleiben dann ruckartig stehen und horchen.

In diesen Bereich gehört auch der von manchen Menschen erwähnte „Sechste Sinn" der Hunde. Sie wissen angeblich genau, wann Herrchen oder Frauchen nach Hause kommen. Natürlich hat der Hund die bevorstehende Ankunft von Herrchen oder Frauchen schon wahrgenommen,

Amos hört Nicole schon aus der Ferne, bevor sie die Wohnung betritt.

bevor der Mensch es tut. Sie kennen das Autogeräusch und die Schritte ihrer Menschen genau. Allerdings sind Hunde nicht nur hervorragende Hörer, sondern auch sehr gute Beobachter unserer Mimik und unseres Verhaltens. Oft verhalten sich die Menschen vor der Rückkehr eines Familienmitgliedes anders, es werden sogar bestimmte Gewohnheiten ausgeführt. Kurz vor der Rückkehr des Familienvaters fängt die Mutter zum Beispiel an zu kochen, räumt das Spielzeug der Kinder weg oder kämmt sich vielleicht die Haare und parfümiert sich. Der Hund kennt diese für den Menschen unbewussten Bewegungen und Abläufe jedoch ganz genau.

Wohnt ein Hund im Haus, ist eine unbemerkte Rückkehr nicht möglich. Es sei denn, er ist taub.

Mona mit Stehohren. Diesen Ohren bleibt nichts verborgen.

Pina mit Hängeohren. Na ja, nicht ganz – ein Ohr kann sie ganz leicht aufstellen.

Gespitzte Ohren – wie die Ohrform das Hören beeinflusst

Einige Ohrformen sind besser für die Hundekommunikation geeignet als andere.

Stehohren
Hunde mit Stehohren hören besser als Hunde mit Hängeohren. Die Form der höher angesetzten Stehohren ist wie ein Trichter, der die Geräusche auffängt, verstärkt und lokalisiert.
Bei Stehohren sieht man auch deutlicher, ob sie nach vorne gerichtet werden oder nach hinten angelegt sind.

Hängeohren
Hängeohren, gerade die besonders langen, sind meist sehr tief angesetzt und decken den Gehörgang ab. Dadurch können sie nicht mehr besonders aufgestellt werden, um Geräusche zu lokalisieren und einzufangen.

Unterscheidung von Tönen – warum Hunde Wörter lernen können

Mit ihrem feinen Gehör können Hunde sehr viele Wörter auseinander halten, differenzieren und befolgen. Hunde haben ein hervorragendes Gedächtnis für Töne: Scheitert ein Mensch bereits nach wenigen Minuten daran, einen zuvor gehörten Ton zu erkennen, erinnert sich ein Hund noch nach mehreren Stunden an genau den richtigen Ton. Daher sollte man z. B. bei einem auf eine Pfeife konditionierten Hund nicht von heute auf morgen eine andere Tonhöhe verwenden. Der Hund kann sogar lernen, bei verschiedenen Tönen unterschiedliche Signale auszuführen. Diese Möglichkeit wird besonders bei Hütehunden und Jagdhunden genutzt, da sie auch auf Entfernung von ihrem Menschen gelenkt werden müssen.

Hat ein Hund ein Wort gelernt, können verschiedene Menschen mit unterschiedlichen Stimmen ihm dieses Signal geben. Er wird es verstehen.

Verschieden Pfeiftöne signalisieren unterschiedliche Signale (z. B. zwei kurze Töne für „Sitz", ein langer Ton für „Platz").

Die Akustik der Wörter

Durch ihr hervorragendes Gehör und ihr Gedächtnis, Töne so differenziert wahrzunehmen, kommen Hunde auch in Familien klar, in denen mehrere Mitglieder mit ihnen auf sprachlicher Ebene kommunizieren. Für sie ist es kein Problem, das „Sitz" des Herrchens und das „Sitz" des Frauchens zu befolgen, vorausgesetzt natürlich, sie haben die Bedeutung des Wortes zuvor erlernt. Verändert man aber ein für den Hund bekanntes Wort wie „Sitz" durch einen ähnlich klingenden Laut, z. B. „Spitz", so hat es für den Hund dieselbe Bedeutung. Er unterscheidet die Wörter nicht nach ihrer Bedeutung, sondern nach ihrer Akustik (vgl. Feddersen-Petersen 2004). Daher sollte man Signale immer so wählen, dass sie sich deutlich voneinander unterscheiden. Für einen Hund, der Fritz heißt, als Signal zum Sitzen das Wort „Sitz" auszuwählen, ist denkbar ungünstig!

Neue Wortzusammensetzungen kann der Hund nicht mit eigenem Denken als neuen Begriff verstehen, auch nicht, wenn ihm die Bedeutung der einzelnen Wörter bekannt ist.

 Info

Mit Hunden flüstern

Da Hunde sehr stark auf den Klang unserer Stimme reagieren und unsere Stimmung daran ablesen können, sollten wir immer darauf achten, wie wir mit Hunden sprechen.

Es ist ratsam nicht mit einer herrischen, lauten Stimme zu seinem Hund zu sprechen. Im alltäglichen Leben sollten wir lieber leise und ruhig zu ihm sprechen, damit wir in ernsten Situationen auch durch die Stimme die Gewichtung der Situation deutlich machen können.

AUS DER PRAXIS

Wort-Signale verstehen lernen

Wie Hunde Signale lernen

Ein Hund lernt ein Signal mit Hilfe der klassischen Konditionierung. Bei diesem lerntheoretischen Prozess erlernt der Hund einen neuen Auslöser für ein Verhalten durch die Kombination von beidem. Das Sitzen an sich braucht man einem Hund nicht beizubringen. Der Hund muss lediglich lernen, dieses Verhalten aufgrund eines bestimmten Signals des Menschen auszuführen. Dazu bringt der Mensch den Hund z. B. mit Hilfe von Futter dazu, dieses Verhalten auszuführen. Beim Beispiel „Sitz" führt er dazu einfach die Hand, in der sich Futter befindet, über die Nase des Hundes nach hinten. In dem Augenblick, in dem sich der Hund setzt, bekommt er das Futter. Er lernt also hier mit Hilfe der positiven Verstärkung, dass es sich lohnt, sich zu setzen. Daher wird er dieses Verhalten nun häufiger zeigen. Setzt sich der Hund auf die Handbewegung zügig hin, ist es an der Zeit, das neue Signal hinzuzufügen. Kurz bevor der Hund also tatsächlich sitzt, fügt der Mensch das neue Signal, z. B. das Wort „Sitz", hinzu. Nach mehreren Wiederholungen hat der Hund verknüpft, dass das Signal und die Handlung zusammengehören. Er hat das neue Signal gelernt, ab sofort kann es als Auslöser für die Handlung „Sitz" verwendet werden.

Lernen durch Wiederholung

Hat ein Hund ein Signal gelernt, heißt das noch lange nicht, dass er es auch wirklich im Langzeitgedächtnis abgespeichert hat. Dazu bedarf es vieler Wiederholungen. Erst wenn ein Hund ein Signal mehrere Tausend Mal ausführt, hat er dieses Signal wirklich gelernt. Es ist nun fest im Langzeitgedächtnis abgespeichert und der Hund wird es selbst, wenn es lange Zeit nicht abgerufen wird, nicht vergessen. Dieses Phänomen kennt wohl jeder, der glaubte, unerwünschtes Verhalten des Hundes erfolgreich abtrainiert zu haben. Hatte der Hund vorab das unerwünschte Verhalten durch ständige Wiederholungen über einen langen Zeitraum bereits ritualisiert, kann auch nach einer langen Zeit, in der sich dieses Verhalten nicht mehr zeigte, ein kleiner Auslöser erneut zum unerwünschten Verhalten führen!

Warum unterschiedliche Umgebungen so wichtig sind

Damit ein Hund ein Signal immer zuverlässig ausführt, muss er generalisieren. Würde man mit einem Hund das Signal „Sitz" immer nur im Wohnzimmer üben, könnte der Hund denken, dass diese Variable zwingend zur Übung dazugehört. Er wird dann im Wohnzimmer auch immer das Signal zuverlässig ausführen, in einem anderen Raum den Menschen jedoch verwundert anschauen, wenn dieser ihm das bekannte Signal gibt. Damit der Hund lernt, auf welchen Teil der Übung es nun wirklich ankommt, nämlich auf das Signal „Sitz" und auf das „Sich Hinsetzen", muss man nach dem ersten Erlernen immer wieder an einer anderen Stelle trainieren. Zunächst einmal würde man also z. B. in der Küche trainieren, danach dann draußen im Garten und schließlich an den verschiedensten Stellen draußen wie z. B. im Park, im Wald oder aber sogar in der Stadt. Je unterschiedlicher hierbei die Räumlichkeiten sind und je stärker die Ablenkungsreize gesteigert werden, desto sicherer wird der Hund dieses Signal am Ende in jeder Situation zeigen.

Was tun, wenn es nicht klappt?

Wenn sich beim Aufbau eines neuen Signals Probleme ergeben, muss der Mensch als erstes die Umgebungsvariablen prüfen. Ist der Hund überhaupt motiviert, diese Übung auszuführen? Ein Hund, der satt ist, wird z. B. kaum Interesse an einem einzelnen Futterstück haben. In einem solchen Fall sollte man das Training einfach etwas verschieben und es kurz vor die nächste große Mahlzeit des Hundes legen. Vielleicht kann sich der Hund aber auch einfach nicht auf die Übung konzentrieren, weil die Ablenkungsreize für ihn zu schwierig sind. Draußen im Park gibt es viel mehr Ablenkungen durch fremde Menschen, Artgenossen oder aber auch durch Wild als z. B. im eigenen Garten. Daher wählt man einfach eine Umgebung mit weniger Ablenkungsreizen für das Training aus und steigert die Reize dann Schritt für Schritt wieder.

Debby versteht das Signal von Andrea auch, wenn sie diese nicht sieht und befolgt es.

Bellen, Wuffen, Winseln – über Laute dem Körper mehr Ausdruck verleihen

Dass neben der olfaktorischen Kommunikation auch die auditive Kommunikation sehr wichtig ist, wird an den vielen unterschiedlichen Lautäußerungsmöglichkeiten der Hunde deutlich. Sie sind durchaus in der Lage, sich differenziert zu äußern.

Ein Hund, der akustische Laute von sich gibt, tut dies meist zur Unterstützung und Verstärkung seiner körperlichen Signale, mit denen er primär kommuniziert. Bei der Kommunikation zwischen Hund und Mensch entwickeln viele Hunde eine verstärkte Lautsprache, um die vom Menschen oft nicht wahrgenommenen körperlichen Signale zu unterstützen. Die Körpersprache der Menschen hat sich durch zunehmende sprachliche Gewandtheit und Zivilisation sicher stark reduziert. Wir sind für die rein optische Kommunikation einfach unsensibler geworden.

„Hunde können nicht sprechen, weil sie physikalisch keine Kontrolle über Zunge, Gaumen, Lippen und Stimmbänder haben." (Coren 2002). Noch vor der Spracherzeugung gehört das Sprachverständnis zu den frühesten Formen von Sprachentwicklung. „Da Hunde Töne unterscheiden können, können sie eine passive Sprachfähigkeit entwickeln." (Coren 2002).

Die Art, mit der Hunde mit uns kommunizieren, entspricht in etwa der gleichen intellektuellen Ebene wie bei bis zu zweijährigen Kleinkindern. Genau wie Kinder, können sie viele verschiedene Wörter und ihre Bedeutungen unterscheiden, aber selber nicht differenziert äußern.

Tonlage, Tondauer und Wiederholungsintensität

Auch die Tonlage, die Tondauer und die Wiederholungsintensität, in der Hunde ihr Bedürfnis äußern, sind wichtig.

Tiefe Töne, wie z. B. das Knurren, haben meist drohende Bedeutung und sind ein Zeichen für Aggression. Hohe Töne, wie das Winseln, haben genau die gegenteilige Bedeutung. Sie ziehen die anderen Hunde eher positiv an, beziehungsweise hemmen die eigene Aggression. Hat ein Hund große Angst, stellt er Lautäußerungen oft vollständig ein. Knurrt ein Hund einen anderen Hund an und erreicht damit nicht dessen Beschwichtigung und Rückzug, geht er davon aus, dass sein Warnsignal nicht verstanden wurde. Der Hund wird akustisch zwar ruhig, geht aber lautlos in einen Angriff über. Ebenso wird auch ein ängstlicher Hund versuchen, so schnell und still wie möglich zu fliehen, um seinen Vorsprung so groß wie möglich zu halten.

Viele Hunde geben bei der Verfolgung von Wild bestimmte Töne von sich, was auch als „Spurlaut" bezeichnet wird. Diese angeborenen Laute zeigen dem Jäger, wo sich der Hund und somit auch das Wild befinden.

Info

Tonlage und Stimmung

Die meisten Menschen können die unterschiedlichen Töne ihres Hundes unterscheiden und mehr oder weniger richtig deuten. Der Hund bellt anders aus Angst, als wenn er etwas haben möchte. Man muss ihn dazu nicht einmal sehen.

Tondauer

Je länger ein Hund einen Ton hält, z. B. je länger er knurrt, desto sicherer ist er sich in seinem Signal und desto sicherer ist er sich auch seiner darauffolgenden Handlung.

Knurrt ein Hund tief und lange, um sein Revier zu verteidigen, wird er sicher nicht weichen. Knurrt er hingegen kurz, ist seine Drohung von Furcht begleitet, der Hund ist sich seines Durchsetzungsvermögens noch nicht ganz sicher.

Knurrt ein Hund im Training also tief und lang, sollte man die gerade ausgeführte Aktion, z. B. einen Richtungswechsel beim Leinenführigkeitstraining, sofort abbrechen. Der Hund könnte sonst zu einer stärkeren Aggression übergehen!

Wiederholungsintensität

Wie häufig eine Lautäußerung wiederholt wird, enthält auch wichtige Informationen über die Erregung und Dringlichkeit. Bellt ein Hund schnell hintereinander, hat er ein für ihn subjektiv wichtigeres Anliegen als ein Hund, der mit Pausen hin und wieder mal bellt. Er zeigt damit kein oder nachlassendes Interesse und ist nicht wirklich innerlich erregt (vgl. Coren 2002).

Devil zeigt deutlich, dass es ihm mit seinem Signal ernst ist.

Devil zeigt klassisches Heulen.

Heulen

Das Positive an akustischer Signalgebung ist die Kommunikation auf Distanz. Insbesondere das Heulen dient als „Langstrecken-Kommunikationsmittel" (Neville 1992). Wie bereits erwähnt, können erwachsene Wölfe das Heulen eines bis zu sechs Kilometer entfernten Wolfes noch hören.

Heulen aus Einsamkeit

Ein Hund kann aus territorialen Gründen heulen, nutzt es aber auch als Rudelverhalten. Wie seine Vorfahren, die ihr Rudel zusammengeheult haben, kann auch ein Hund aus Einsamkeit heulen, wenn er z. B. allein zu Hause gelassen wird. Häufig wird ein alleingelassener Hund allerdings eher bellen und nur kurz ein Heulen dazwischenschieben. Durch dieses Heulen versucht er, seine Sozialpartner zu sich zurückzurufen. Wohnen mehrere Hunde in der Nachbarschaft eines solchen „Heulers", besteht durch das Gruppenheulen die Möglichkeit, dass andere Hunde mitheulen. Bekannt sind auch viele Hunde, die bei der Hausmusik, Glockengeläut oder der Sirene eines Krankenwagens mit einstimmen. Sie heulen zusammen mit ihrem „Rudel". Insgesamt heulen Hunde aber deutlich weniger als Wölfe oder überhaupt nicht.

Territoriales Heulen

Territoriales Heulen wird auch als Revierheulen bezeichnet. Der Hund teilt damit anderen Hunden seine Existenz mit. Dieses Heulen kann sehr lange Zeit ausgeführt werden und andere Hunde aus der Nachbarschaft können mit einsteigen, um auch von ihrer Revierzugehörigkeit zu berichten.
> Heult ein Hund im Garten, um andere Hunde auf sich aufmerksam zu machen, sollte man den Hund mit ins Haus nehmen. Er soll hier nicht die führende Rolle übernehmen. Da man das Heulen aber kaum unterbinden kann, geht man einfach entspannt zurück ins Haus.

Fiepheulen

Fiepheulen drückt Einsamkeit aus. Das Tier fühlt sich alleine, fiept und zieht den Heulton sehr lang, es versucht auf sich aufmerksam zu machen.
> Fiepheulen zeigen Hunde häufig, wenn sie in einem anderen Raum, abseits der Familie, untergebracht sind.

Bellheulen

Bellheulen ist eine Lautäußerung des Hundes bei völliger, lang anhaltender Isolation. Durch das Bellen deutet der Hund auf den Wunsch hin, bei Schwierigkeiten die Hilfe seiner Rudelmitglieder zu bekommen. Das Heulen hingegen macht auf seine Einsamkeit aufmerksam und wird in der Hoffnung geäußert, dass jemand antwortet oder kommt (vgl. Coren 2002).
> Bellheulen zeigen häufig Hunde, die für mehrere Stunden allein zu Hause gelassen werden und das Alleinbleiben nie positiv erlernt haben.

Devil und Amos heulen gemeinsam – Devil beginnt, Amos stimmt mit ein.

Jaulen

Jaulen ist immer ein Heischen um Aufmerksamkeit. Langeweile oder Unterbeschäftigung können Auslöser hierfür sein. Die meisten Hunde, die ein solches Verhalten regelmäßig zeigen, haben eine sehr geringer Frustrationstoleranz und haben gelernt, dass sie spätestens durch Jaulen die gewünschte Aufmerksamkeit auch bekommen. Das Jaulen eines Hundes sollte ignoriert werden. Nur so wird er lernen, dass er mit diesem Verhalten keinen Erfolg hat. Das Jaulen ist oft durch vom Menschen bewusste oder auch unbewusste Reaktionen antrainiert.

> Der Hund muss z. B. bei einem Restaurantbesuch neben dem Tisch warten, bis seine Menschen dieses verlassen. Da er von ihnen keine Aufmerksamkeit bekommt, versucht er diese durch Jaulen zu erreichen. Ignorieren die Menschen sein Verhalten, wird der Hund das Jaulen nach einiger Zeit einstellen. Bestätigen sie ihn jedoch immer wieder, indem sie ihm z. B. gut zureden, wird er zwar in diesem Augenblick das Jaulen einstellen, aber dann wieder damit anfangen, um weitere Aufmerksamkeit zu bekommen.

Wuffen

Eine Vorstufe des Bellens ist das sogenannte Wuffen. Es ist ein abgeschwächtes, meist einsilbiges Warnbellen, das auch bei Wölfen zu beobachten ist. Beim Wuffen bleibt das Maul fast komplett geschlossen, wobei sich die Wangen des Hundes bei der Lautäußerung leicht aufblasen.

> Der Hund hört im Haus ein Geräusch, das er nicht einordnen kann. Der Mensch sollte darauf reagieren, indem er in Richtung der vom Hund bemerkten „Gefahr" nachsieht.

Bellen

Das Bellen eines Hundes besteht aus langen Sequenzen und Variationen. Er kann knurr-bellen, heul-bellen usw. Bellen kann viele Bedeutungen haben, hierbei ist es wichtig auf die Art des Bellens und die Körpersprache zu achten.

Ein Hund bellt z. B. aus folgenden Gründen:
> aus territorialen Gründen:
  wachsames, warnendes oder alarmierendes Bellen
> zur Begrüßung: begrüßendes Bellen
> zur Verteidigung: defensiv, aggressives Bellen
> zur Korrektur: korrigierendes Bellen
> als Aufforderung z. B. zum Spiel: forderndes Bellen
> aus Angst: ängstliches Bellen, etc.

Unterschiedliche Bellfreude von Hunden

Die Dauer des Bellens kann unterschiedlich sein: Ein Hund der z. B. aus Frustration bellt, kann dies ohne Probleme eine Stunde lang. Hunde größerer Rassen, wie z. B. Bernhardiner oder Neufundländer, haben eine tiefere Stimme als Vertreter kleinerer Rassen, wie z. B. Chihuahuas oder Rehpinscher, und bellen auch in einem langsameren Rhythmus. Ebenso gibt es zum einen Hunderassen, die viel bellen, wie z. B. die Terrier, und zum anderen Hunderassen, die eher weniger bellen, wie z. B. die Basenjis. Dies wird einerseits dadurch begründet, dass Terrier durch züchterische Auslese auf dieses Merkmal hin selektiert wurden. Bei der Jagd mit dem Menschen ist es von Vorteil, wenn der

Boomer zeigt im Ansatz aufmerksames Bellen, das dann in offensives Drohen umkippt.

Hund bellt. So kann der Mensch dann z. B. den Terrier im Fuchsbau, oder einen Hund, der auf einer Fährte hoch erregt und konstant bellt, besser orten. Ursprünglich machte es für den Hund jedoch mehr Sinn, leise zu jagen, da er sonst das Wild vertrieben hätte. Allerdings jagen die wenigsten Haushunde noch biologisch funktional.

Ausdrucksverhalten und Bellverhalten

Andererseits gibt es laut Feddersen-Petersen einen Zusammenhang zwischen mimischer Ausdrucksfähigkeit und der Ausprägung des Bellverhaltens bei Hunden. So zeigen z. B. die mimisch ausdrucksstarken Alaskan Malamutes nur zwei unterscheidbare Belltypen und bellen wenig. Pudel, die sehr starke mimische Reduktionen aufweisen, zeigen aber sechs unterschiedliche Belltypen und bellen eher viel. „Es scheint so zu sein, dass reduziertes optisches Ausdrucksverhalten durch häufigeres Äußern einer größeren Anzahl von Bellformen »ausgeglichen« wird. Allerdings lässt sich bislang keine klare Linie diesbezüglich aufzeigen und es gibt immer wieder »Ausreißer«." (Feddersen-Petersen 2004). Ich persönlich kann dieser These nicht zustimmen. Es gibt genügend Rassen, die das Gegenteil beweisen. Ich will an dieser Stelle nur die Bordeauxdogge nennen. Diese Rasse hat extrem geringe mimische Möglichkeiten, gehört aber eindeutig zu den Hunderassen, mit sehr geringer Tendenz zum Bellen.

Wachsames Bellen

Die meisten Hunde sind ausgesprochen wachsame Tiere, worauf sie zum Teil auch bei der Domestizierung selektiert wurden. Das wachsame Bellen dient zum einen dazu, andere Rudelmitglieder vor einer Gefahr oder einem Eindringling zu warnen und zum anderen dem Eindringling anzuzeigen, dass er bemerkt wurde.

> Ist der Mensch durch das Gebell seines Hundes genervt und reagiert mit lautem Geschrei, so fühlt sich der Hund oft nur bestätigt und denkt, dass Herrchen genauso aufgeregt ist wie er und mitbellt. So versuchen sich Hund und Halter gegenseitig nur zu übertönen. Stattdessen sollte man die Warnung des Hundes annehmen und selbst nach dem Rechten sehen.

Warnendes Bellen

Warnendes Bellen wird als Warnsignal genutzt. Es ist gekennzeichnet durch eine schnelle Folge von drei bis vier Belllauten in mittlerer Tonlage mit Pausen dazwischen (vgl. Coren 2002). Die Situation ist dabei noch relativ entspannt, die Rudelmitglieder sollen kommen und sich die Sache einmal ansehen. Sehr häufig entsteht das warnende Bellen, nach dem der Hund zuvor gewufft hatte.

> Ein anderer Hund läuft am (Revier) Haus vorbei. Als Mensch sollte man auf dieses Bellen insofern eingehen, dass man sich die vom Hund bemerkte Gefahr anschaut. Der Hund sollte dabei nicht mitkommen, sondern von Weitem zusehen. Der Mensch übernimmt also die Sicherung des Rudels.

Ronja zeigt ein ritualisiertes Bellen als Begrüßungsgeste.

Alarmierendes Bellen

Das alarmierende Bellen wird als Alarmsignal genutzt, der Hund ist sehr erregt. Es ist gekennzeichnet durch eine schnelle Folge von Belllauten in mittlerer Tonlage (vgl. Coren 2002). Die anderen Rudelmitglieder sollen sich bereit machen, es dringt jemand in das Revier ein.

> Ein fremder Mensch kommt auf das Grundstück. Auch hier sollte der Mensch wieder die Aufgaben des Rudelführers übernehmen und als Erster Kontakt mit dem „Eindringling" aufnehmen. Er klärt die Situation für den Hund.

Begrüßendes Bellen

Diese Form des Bellens zeigt der Hund zur Begrüßung, sie löst häufig das alarmierende Bellen ab. Es ist gekennzeichnet durch ein oder zwei scharfe, kurze Belllaute in hoher oder mittlerer Tonlage (vgl. Coren 2002). Aus meiner Erfahrung heraus, erlebe ich das begrüßende Bellen als ein lang anhaltendes Bellen, das ritualisiert so lange ertönt, bis eine Begrüßung von Seiten des Menschen erfolgt.

> Besuch oder Familienmitglieder kommen zur Tür herein. Der Mensch sollte die Begrüßung durch den Hund tolerieren, wenn dieser dabei nicht zu aufdringlich ist. Auf keinen Fall sollte man enthusiastisch auf die Begrüßung des Hundes eingehen, da dieser sonst in seiner Forderung bestärkt würde.

Defensiv, aggressives Bellen

Das defensiv, aggressive Bellen ist gekennzeichnet durch langsames, anhaltendes Bellen in tiefer Tonlage (vgl. Coren 2002). Der Hund fühlt sich bedroht und ist zur Verteidigung bereit. Der Eindringling ist nicht bekannt bzw. nicht erwünscht.

> Ein fremder Mensch steht vor der Haustür. Als Besucher sollte man mit diesem Hund keine Konfrontation suchen, da der Hund ernsthafte Konsequenzen folgen lassen könnte. Im Umkehrschluss darf man einen solchen Hund natürlich niemals als Ersten den Besuch begrüßen lassen, da die Gefahr für den Besucher groß sein kann.

Korrigierendes Bellen

Der Hund zeigt diese Form des Bellens, wenn er z. B. gestört wurde. Sie ist gekennzeichnet durch einen scharfen, kurzen Belllaut im unteren Bereich der mittleren Tonlage (vgl. Coren 2002). Sie wird geäußert, wenn man den Hund z. B. im Schlaf stört, am Fell zieht oder in einer anderen Form plötzlich belästigt. Der Hund möchte das Verhalten unterbinden. Hündinnen wenden dieses Bellen z. B. auch zur Korrektur der Welpen an.

> Das Kind der Familie tobt zu wild mit dem Hund. In diesem Fall sollte man möglichst, bevor es zu einer Korrektur des Hundes kommt, das Spiel unterbrechen.

Für mich ist es äußerst spannend zu beobachten, dass Hunde, die nur unter ihresgleichen leben, das korrigierende Bellen eher selten und in aller Regel nur kurz benutzen. Hunde, die mit Menschen leben, diese Maßregelung Menschen gegenüber allerdings häufig einsetzen.

Forderndes Bellen

Hunde, die fordernd bellen, versuchen damit häufig den Menschen zu erziehen. Sie machen ihm deutlich, dass sie etwas genau jetzt haben möchten. Es ist gekennzeichnet durch einzelne scharfe, kurze Laute im oberen Bereich der mittleren Tonlage. Geht der Mensch darauf ein, hat der Hund seinen Willen bekommen und wird diese Strategie von jetzt an öfter einsetzen. Denn der Hund hat den Menschen in diesem Moment nicht nur erzogen, er wird auch noch in seiner Handlung bestätigt. Das fordernde Bellen eines Hundes kann sehr anstrengend sein, sollte aber ignoriert werden. Der Hund wird nur so lernen, dass er mit diesem Verhalten keinen Erfolg hat.

> Fordert der Hund mit seinem Bellen den Menschen zu einem Spiel auf, sollte dieser erst wieder mit ihm spielen bzw. ihn beachten, wenn der Hund für längere Zeit still gewesen ist.

Wird ein Hund geistig und/oder körperlich unterfordert, kann er aus Langeweile fordernd bellen, es ist seitens des Hundes ein ritualisiertes Bellen. Er bellt als Aufforderung, dass etwas passieren soll. Er möchte die momentane Situation ändern und versucht sich einzubringen. Um die Entstehung dieses Bellens zu verhindern, ist es wichtig, dass man dem Hund ausreichend Beschäftigungen anbietet, so dass es langfristig nicht mehr notwendig sein wird, fordernd zu bellen. Interessant ist, dass das fordernde Bellen in der artspezifischen Kommunikation (Hund – Hund) kaum eine Bedeutung spielt. Hunde scheinen schlichtweg gelassener zu sein, die Kläfferei des Artgenossen zu ignorieren als wir Menschen, so dass Hunde untereinander sehr schnell erkennen, dass diese Form des Bellens schlicht nicht Erfolg versprechend ist.

Devil zeigt eher unsicheres Bellen – sein Kopf ist nach oben gerichtet, die Maulspalte weit nach hinten gezogen und das Körpergewicht verlagert er auf die Hinterbeine. Dabei steht er leicht eingeknickt da.

AUS DER PRAXIS

Warum Hunde bellen

Gartenzaunkläffer

Wer kennt ihn nicht, den Hund, der laut bellend am Gartenzaun hin- und herläuft, wenn ein fremder Mensch den Weg entlang des Zaunes kommt. Manche Hunde zeigen dieses Verhalten dabei nur dann, wenn ein anderer Artgenosse gesichtet wird, andere Hunde verbellen jeden Menschen, der nur in die Nähe kommt. Besonders territoriale Hunde zeigen dieses Verhalten verstärkt, der Hund will mögliche Eindringlinge vom eigenen Grundstück fernhalten. Und er hat aus seiner Sicht ja auch Erfolg, denn der Fremde lässt sich vertreiben. Dass der Mensch sowieso, unabhängig vom Verhalten des Hundes, am Grundstück vorbeigehen wollte, weiß der Hund ja nicht.

Damit ein Hund dieses Verhalten nicht entwickelt, sollte man ihn niemals alleine im Garten lassen. Denn dann fühlt er sich erst recht für die Verteidigung des eigenen Bereiches zuständig, die Menschen haben sich schließlich in die Sicherheit des Hauses zurückgezogen. Ist der Hund zusammen mit seinem Menschen im Garten, kann dieser eingreifen. Immer dann, wenn der Hund bellt, weil er eine sich nähernde Gefahr bemerkt, ruft er seinen Hund zu sich und legt ihn ab. Danach geht er selbst in Richtung Zaun, um sich zu vergewissern, dass alles in Ordnung ist. Dadurch übernimmt er aus Sicht des Hundes diese wichtige Aufgabe, der Hund kann nun entspannt im Garten verweilen.

Haustürkläffer

Hunde bellen aus unterschiedlichen Gründen an der Haustür. Zum einen können hier genauso wie am Gartenzaun territoriale Gründe vorliegen. Der Hund hört einen Eindringling, der sich dem Haus nähert. Er will diesen melden und ggf. fernhalten. Für einen Hund ist es unverständlich, dass wir jeden Fremden einfach so in unser Haus bitten.

Das Bellen an der Haustür kann aber auch erlernt sein. Kein Welpe, der vom Züchter zu seinem neuen Halter kommt, wird bellend zur Tür rennen, wenn es klingelt. Dieses Verhalten bringt der Mensch ihm unbewusst bei. Denn immer wenn es klingelt, geht Frauchen zur Tür und unterhält sich dort mit einem Fremden bzw. holt diesen sogar ins Haus. Natürlich darf der kleine Welpe mit zur Tür, er soll ja Sozialkontakt haben und möglichst viele verschiedene Menschen kennenlernen. Der Besuch bricht dann in der Regel ob des entzückenden Welpen in Begeisterungsrufe aus, er wird gestreichelt, Frauchen ist erst einmal vergessen. Der Welpe lernt also mit der Zeit, dass die Klingel „seinen" Besuch ankündigt. So rennt er bereits schon beim Ertönen der Klingel aufgeregt zur Tür und bellt. Dieses Bellen ist dann entweder begrüßendes Bellen aufgrund des erwarteten Besuches, oder aber forderndes Bellen. Frauchen soll sich doch bitteschön endlich beeilen, die Tür zu öffnen!

Spaziergangkläffer
Da geht man ganz entspannt mit seinem Hund an der Leine spazieren, und plötzlich wird aus dem brav hinter einem hertrottenden Vierbeiner ein bellender und zähnefletschender Hund, der wie wild in die Leine springt. Und das alles nur, weil ein anderer Mensch mit seinem Hund entgegenkommt. Der Hund versucht alles, um zu dem anderen Hund zu gelangen und beruhigt sich erst wieder, wenn beide sich in unterschiedliche Richtungen entfernt haben. Der Grund für dieses Verhalten liegt nicht etwa darin, dass der Hund sich an der Leine zusammen mit seinem Menschen stärker fühlt. Denn dann hätte er ein solches Verhalten ja gar nicht nötig. Wer sicher und souverän ist, wer sich seiner Stärke bewusst ist, der hat es nicht nötig, sich aufzuregen und den anderen durch ein überdeutliches Demonstrieren seiner Waffen von seiner Stärke zu überzeugen. Ein solcher Hund ist also immer ein eher unsicherer Hund. Viele Hunde fühlen sich an der Leine eingeschränkt, sie können nicht so kommunizieren, wie sie es freilaufend tun würden. Der Hund kann z. B. nicht abdrehen oder einen Bogen laufen und dem entgegenkommenden dadurch signalisieren, dass er keinen Streit möchte.

Signal „Ruhig"
Einem Hund, der sich schnell aufregt, kann man durch das Signal „Ruhig" helfen, sich zu entspannen. Es signalisiert ihm, dass in dieser Situation keine Gefahr droht und er sich nicht aufregen muss. Viele Hunde empfinden es z. B. als angenehm, wenn sie gestreichelt werden. Diese Situation kann der Mensch nun mit einem Signal verknüpfen, indem er z. B. während des Streichelns das Wort „Ruhig" ausspricht. Kommt der Hund nun in einen Zustand, der ihn aufregt, kann man ihn mit Hilfe dieses Signals aus seinem Erregungszustand holen, der Hund ist wieder ansprechbar. Beim Aufbau dieses Signals muss der Mensch allerdings beachten, dass er zunächst einmal Situationen auswählt, in denen der Hund nur leicht erregt ist. Schritt für Schritt können dann schwierigere Situationen ausgewählt werden, bis es auch in Situationen funktioniert, in denen der Hund bisher nicht ansprechbar war.

Erst wenn der Hund ruhig ist, kommt er zum Ziel.

Ängstliches Bellen

Bellt ein Hund ängstlich, möchte er das, wovor er Angst hat, durch sein Bellen vertreiben, auf Distanz halten. Er hofft, dass die Angst des angebellten Objektes größer ist als seine eigene. Es ist gekennzeichnet durch eine schnelle Abfolge von Belllauten im Bereich der hohen Tonlage (vgl. Coren 2002). Das ängstliche Bellen eines Hundes ist oft auf eine nicht ausreichende Sozialisation und eine starke Überforderung in dieser Situation zurückzuführen.

> Ein Hund bellt auf dem Spaziergang die an diesem Tag herausgestellte Mülltonne an, die der Hund dort nicht erwartet hat. Der Mensch kann in diesem Fall einfach zu dem Gegenstand gehen und ihn sich anschauen. Auf keinen Fall darf man den Hund dazu zwingen, sich dem Gegenstand zu nähern. Dies führt in aller Regel zu einem starken Vertrauensverlust dem Menschen gegenüber.

Info

Angst

Das Lernverhalten eines Hundes der Angst hat, ist deutlich verlangsamt. Ängstliche Hunde brauchen immer mehr Zeit und Geduld ihrer Menschen (siehe auch Literaturempfehlung „Angst bei Hunden").

Knurren

Welpen zeigen kurz vor der Sozialisationsphase die ersten Knurrlaute, äußern sie jedoch zunächst noch sehr undifferenziert. Das Knurren ist hier eher ein Zeichen für Erregung. Die feinere Differenzierung lernen sie dann im Spiel mit anderen Hunden.

Weiches, tiefes Knurren

Das weiche, tiefe Knurren, das eher aus der Brust zu kommen scheint, setzt der Hund zur Drohung ein (vgl. Coren 2002). Der Hund ist selbstbewusst und möchte durch das Knurren sein Gegenüber dazu bringen, sich von ihm zu distanzieren.

> Ein Mensch beugt sich über einen Hund, weil er ihn streicheln möchte. Der Hund fasst in diesem Fall die nach vorne gebeugte Haltung des Menschen als Bedrohung auf. Der Mensch sollte in diesem Fall sofort die gerade ausgeführte Aktion einstellen und sich zurückziehen, da sonst eine ernsthafte Korrektur des Hundes folgen kann.

Weiches Knurren, aber weniger tief

Das weiche, weniger tiefe Knurren, das eher aus dem Maul zu kommen scheint, setzt der Hund auch zur Drohung ein. Allerdings ist der Drohende weniger selbstbewusst (vgl. Coren 2002).

> Ein Mensch beugt sich über einen Hund, weil er ihn streicheln möchte. Der Hund fasst in diesem Fall die nach vorne gebeugte Haltung des Menschen als Bedrohung auf. Dieser Hund ist sich noch nicht sicher, ob er einen Angriff starten würde, bei anhaltender Bedrohung kann es aber genauso dazu kommen wie beim weichen, tiefen Knurren. Der Mensch sollte daher auch in diesem Fall sofort die Aktion einstellen und sich zurückziehen, da sonst eventuell eine ernsthafte Korrektur des Hundes folgen kann.

Natürlich sollten, in Zusammenarbeit mit einem Profi, beide Situationen so trainiert werden, dass der Hund langfristig gesehen nicht mehr knurrt. Aber im ersten Schritt ist es wichtig, die Situation von Menschenseite aus zu deeskalieren.

Knurrbellen

Knurrbellen setzt der Hund als Warnsignal ein. Es ist gekennzeichnet durch ein deutliches Knurren, das in ein Bellen übergeht (vgl. Coren 2002). Das Knurren wird durch das Bellen verstärkt. Der Hund ist bereit zum Kampf, ist sich seiner Sache aber keinesfalls sicher.

> Ein fremder Hund dringt in das Revier des Hundes (Garten) ein. Als Mensch sollte man auf dieses Knurrbellen genauso eingehen wie auf das warnende Bellen des Hundes. Man schaut sich die vom Hund bemerkte Gefahr an. Der Hund sollte dabei nicht mitkommen, sondern von Weitem zusehen. Der Mensch sorgt in dem Moment für die Sicherheit der Gruppe.

Schnaufen

Schnauft der Hund während der Jagd, so zeigt dies starke Erregung an. Zu beobachten ist das Schnaufen beim Schnuppern und beim stoßhaften Ausatmen in Mauselöchern. Schnaufen kann aber wie das Knurren ein Warnsignal sein.

> Ich habe einmal mit einem großen Schweizer Sennenhund aus einem Tierheim Leinenführigkeit trainiert. Bereits nach wenigen Richtungswechseln zeigte der Hund Schnaufen in Kombination mit Fixieren. Dies war ein Warnsignal des Hundes an mich, nicht noch weitere Dinge abzuverlangen, da sonst ernste Konsequenzen hätten folgen können.

Hunde zeigen das stoßhafte Ausatmen häufig beim Mäusebuddeln.

Hecheln kann viele Ursachen haben – bei Hitze, aus Erregung oder auch bei Stress.

Hecheln

Ein Hund hechelt normalerweise, um einen Temperaturausgleich im Körper zu erreichen. Ist der Körper durch äußere Einflüsse oder durch körperliche Aktivität erhitzt, kann der Hund diese Wärme nur über die Pfoten durch Schwitzen und über die Zunge durch Hecheln abgeben. Dabei befeuchtet er immer wieder seine lange Zunge zur Verstärkung des Verdunstungs- und daraus resultierenden Kühlungsprozesses. Hunde hecheln aber auch noch aus anderen Gründen, wie z. B. aus positiver oder negativer Erregung, Stress oder Angst.

> Hecheln aus positiver Erregung sieht man z. B. bei Hunden, die darauf warten, dass der Mensch ihnen z. B. ein Schweineohr gibt. Auch bei sexueller Erregung hecheln viele Hunde.
> Hecheln aus negativer Erregung sieht man z. B. bei Hunden, die für eine falsche Reaktion auf ein Signal bestraft werden. So hecheln viele Hunde z. B., wenn sie für das nicht sofortige Befolgen des Signals „Fuß" einen Leinenruck zur Strafe bekommen.
> Hecheln aus Stress sieht man z. B. bei Hunden, die sich im Wartezimmer des Tierarztes aufhalten.
> Starkes Hecheln aus Angst sieht man z. B. bei Hunden, die sich bei Gewitter fürchten.

Stoßend hecheln

Äußert ein Hund stoßende Hechellaute in Kombination mit längeren Pausen, kann dies ein Zeichen von Imponierverhalten sein. Häufig findet dies bei der Begegnung zweier Rüden statt, die steifbeinig, mit durchgedrücktem Rücken und erhobener Rute einander umkreisen. Am sinnvollsten deeskaliert man diese Situation dadurch, dass sich alle Menschen zügig, aber nicht hektisch, entfernen. Denn Publikum erhöht das Risiko auf eine Streitigkeit enorm.

1) Debby schaut skeptisch und ist leicht gestresst (auch erkennbar an der kleinen Falte hinter der Maulspalte).
2) Flupes zeigt Stress pur (runde Augen, Falten auf dem Nasenrücken).

Stressbedingtes Niesen ist daran zu erkenne, dass im Anschluss an das Niesen oft ein Lecken über die Lefzen folgt.

Niesen

Niest ein Hund, so kann der banale Grund hierfür ein Schnupfen oder ein äußerlicher Reiz sein, wie zum Beispiel Autoabgase, Staub oder ein Fremdkörper in der Nase.

Allerdings können Hunde auch aus anderen Gründen niesen. Ich habe in meiner täglichen Arbeit festgestellt, dass viele Hunde das Niesen als Ventil nutzen, um Erregung abzubauen. Dieser Nieston wird meist deutlich lauter und heftiger als ein Niesen gezeigt, das bei Erkältungskrankheiten zu hören ist. Niesen ist durchaus als Übersprungshandlung zu sehen. Häufig folgt ein Kopfschütteln und ein ausladendes, einmaliges Lecken über die Lefzen. Beides folgt direkt und unmittelbar im Anschluss an das Niesen.

> Frau B. trainiert mit ihrem zwölfjährigen Labrador-Rüden Leon Apportieraufgaben mit dem Futterbeutel. Immer wenn Leon den Beutel zurückgebracht und abgegeben hat, muss er warten, bis Frau B. den Beutel öffnet. Oft niest er dann vor Aufregung und in Erwartung des Futters, das er gleich bekommt.

Winseln

Der Winsellaut wird bereits von einigen Wochen alten Welpen gezeigt, als auch von erwachsenen Tieren. Winseln ist ein Zeichen von Unwohlsein, Unsicherheit oder Isolation. Es klingt kläglich und hoch, kann laut oder leise sein und hat häufig ein schnelles Intervall. Hierbei kann man das sanfte vom klagenden Winseln unterscheiden.

Winselt ein Welpe im Rudel, bewirkt er damit Unruhe und zeitnahen Kontakt seitens seiner Artgenossen. Im Gegensatz zum Knurren fördert das Winseln die Distanzminderung.

Winselt ein Hund bei der passiven Unterwerfung, muss dies als Laut des Unbehagens gedeutet werden (vgl. Feddersen-Petersen 2004). Winseln wird aber auch bei aktiver Unterwerfung beobachtet, wenn zum Beispiel die Mutterhündin nach Abwesenheit zu den Welpen zurückkommt.

Sanftes Winseln

Das sanfte Winseln gleicht dem Jammern eines Welpen der friert, Hunger hat oder sich verlassen fühlt. Es wird häufig geäußert, wenn ein Hund Angst hat oder verletzt ist (vgl. Coren 2002).

> Ein Hund hat sich die Pfote in der Tür eingeklemmt und winselt. Der Mensch sollte in diesem Fall natürlich eingreifen und den Hund vom Tierarzt behandeln lassen. Allerdings sollte man nicht beruhigend auf den Hund einreden, da dies zu einer Verstärkung der Angst führen kann.

> Ein Hund winselt, wenn er allein zu Hause ist. Der Mensch sollte in diesem Fall den Hund nicht allein zu Haus lassen, da dieser hier meist aus Trennungsangst winselt. Das Alleinbleiben muss erst in kleinsten Schritten trainiert werden.

Klagendes Winseln

Das klagende Winseln zeigt ein Hund, wenn er sehr erregt ist oder etwas einfordert. Es ist tiefer und ausdrücklicher als das sanfte Winseln (vgl. Coren 2002).

> Ein Hund winselt aufgeregt, kurz bevor es zum Spaziergang losgeht. Der Mensch sollte in diesem Fall das Winseln komplett ignorieren und erst zum Spaziergang aufbrechen, wenn der Hund ruhig ist, da er sonst das fordernde Verhalten des Hundes fördern würde.

Schmerzschrei / Quieken

Hunde schreien nur aus Schmerz oder großer Angst, z. B. vor einer starken Bedrohung. Meist ist bei den Hunden, die bei starker Bedrohung schreien, ein früheres schmerzhaftes Erlebnis die Ursache für das Schreien in einer gar nicht so gefährlichen Situation. Wenn diese Hunde bereits einmal gebissen wurden, sind sie viel schneller eingeschüchtert.

Ursache des Schreiens kann aber auch mangelnde Prägung/Sozialisierung sein. Das heißt, der Hund erwartet dann etwas Dramatisches, nur weil er es nicht einschätzen kann.

Mona winselt und zeigt somit ihre Unruhe. Auch ein beschwichtigendes Pföteln kann in diesem Zusammenhang gezeigt werden.

> Ein junger Hund hat auf einem Spaziergang eine negative Erfahrung mit anderen Hunden gemacht. Ein frei laufender Hund ist aus großer Entfernung auf ihn zugestürmt, hat ihn dann gebissen und dabei schwer verletzt. Seitdem schreit er nun prophylaktisch, wenn andere Hunde auf ihn zugerannt kommen.

Reaktion von Hunden auf Schreie
In einem Hunderudel werden auf den Schrei eines Hundes sofort alle Rudelmitglieder dem schreienden Hund zu Hilfe kommen. Allerdings werden sie sich eher vorsichtig nähern, da sich der schreiende Hund ja

Mona (links) steht imponierend, mit erhobener Rute und nach vorne geneigtem Kopf, frontal zu Pina (rechts). Diese duckt sich und zeigt aktive Unterwerfung.

Pina legt die Ohren zurück, duckt sich weiter und legt sich schon fast einschleimend vor Mona hin. Diese wendet daraufhin den Kopf etwas ab.

offensichtlich in großer Gefahr befindet, die für alle anderen ebenfalls gefährlich sein könnte. Bei fremden Hunden kann das Schreien eher eine Jagdsituation auslösen. Das Schreien des Hundes klingt ähnlich wie das Schreien eines verletzten Beutetieres und das kann bei einem frei lebenden Hund eine schnell zu erlegende Beute bedeuten!

Spielzeug mit Quietschen
Durch die Verwendung von Quietschspielzeug können sich bei einigen Hunden ernste Probleme ergeben. Durch Gewöhnung an die Töne bzw. durch das Erleben von spannenden Situationen in Zusammenhang damit, kann ein Hund die Beißhemmung verlieren und bzw. unter Umständen erst gar nicht ausreichend ausbilden. Dies geschieht besonders häufig bei Jagdhunderassen, bei denen dadurch der Beutetrieb erhöht werden kann und aus Mobbingsituationen ernste Folgen entstehen können. Wenn der Hund einen anderen Hund bedroht oder beißt, quietscht dieser vor Schmerz auf. Um, wie bei dem Quietschspielzeug diese Töne erneut zu erzeugen, beißt er immer und immer wieder zu. Aus diesem Grund lehnt D.O.G.S. Quietschspielzeug in der Welpenphase ab.

Mona wendet sich weiter ab, um ihre freundliche Stimmung zu signalisieren, blickt Pina jedoch direkt an. Diese kreischt und wirft sich auf den Rücken – ein Verhalten, das sie häufig anderen Hunden gegenüber zeigt.

Mona kennt Pinas Verhalten und wendet nun auch den Blick ab, um ihr zu zeigen, dass sie nicht aggressiv reagiert. Doch Pina liegt weiterhin angespannt auf dem Rücken.

Zähneklappern

Hunde können langsam und schnell mit den Zähnen klappern. Es gibt unterschiedliche Gründe für Zähneklappern.

Zum einen gibt es das warnende Zähneklappern (siehe Info), das bereits eine Stufe der Aggression darstellt. Der Hund schnappt einmal in die Luft und klappt die Zähne laut und deutlich zusammen.

Zum anderen gibt es noch Zähneklappern aus stärkster Erregung. Findet ein sexuell aktiver Rüde z. B. eine Stelle, an der kurz vorher eine Hündin markiert hat, leckt er den Urin auf und klappert dabei mit den Zähnen. Hinzu kommt ein starker Speichelfluss, so dass ein schmatzendes Geräusch erzeugt wird.

Weiterhin kann man das Zähneklappern aus Unsicherheit oder Angst beim Hund beobachten. Dieses Zähneklappern hört sich ähnlich an wie das Zähneklappern aus Erregung, jedoch hängt hierbei der Unterkiefer locker, während beim Zähneklappern aus Erregung die gesamte Kiefermuskulatur angespannt ist.

Außerdem gibt es natürlich noch das Zähneklappern aufgrund von Kälte. Dieses Verhalten beobachtet man oft bei Hunden ohne dicke Unterwolle, wie z. B. dem Jack Russell Terrier.

 Info

Warnendes Zähneklappern

Es wird als Drohung in Situationen gezeigt, in denen der Hund seinem Gegenüber klarmachen möchte, dass er eine „Waffe" hat und diese auch einsetzen könnte. Somit ist es in diesem Fall bereits eine ernste Stufe der Aggression.

Körpersprache und Mimik

Die Umwelt im Blick – das Blickfeld und die Sehfähigkeit der Hunde

Hunde können gut hören und riechen, aber auch ihr Sehvermögen ist nicht zu unterschätzen. Das Auge ist zudem das einzige Sinnesorgan, mit dem etwas aufgenommen und auch gesendet werden kann. Wird ein Hund von einem anderen Hund gehört, ist das für den Sender des Bellens nicht wahrnehmbar, wird er allerdings gesehen, so bemerkt der Sender einer visuellen Kommunikation den Augenkontakt sehr wohl (vgl. Aldington 1986).

Amos reagiert noch nicht auf den im Gras ruhig liegenden Ball.

Info

Vom Prinzip her funktionieren die Augen der Hunde nicht bedeutend anders als die der Menschen. Licht dringt durch die Pupille ein und wird von der Linse auf die Retina (lichtempfindliche Schicht) gerichtet. Diese Schicht leitet dann ihrerseits die Befehle über den Sehnerv an das Gehirn weiter.

Da Hunde und ihre Vorfahren in der Morgen- und Abenddämmerung am aktivsten sind, z. B. auf Beutesuche, unterscheidet sich die Augenleistung des tagaktiven Menschen von ihnen beträchtlich. Lange ging man davon aus, Hunde seien farbenblind. Dass sie ihre Welt aber nicht nur schwarz-weiß wahrnehmen, ist mittlerweile erwiesen. Das Farbensehen hat für Hunde zwar keine besondere Bedeutung, sie sind aber in der Lage, die Farben in abgeschwächter Form zu sehen. Die Netzhaut des Hundes enthält im Gegensatz zu der menschlichen mehr Stäbchen als Zapfen. Da Stäbchen dem Schwarz-Weiß-Sehen bei diffusem Licht und in der Dämmerung dienen, ist die Netzhaut der Hunde optimal an ihren Tagesrhythmus angepasst. Tagsüber sind die Zapfen der Netzhaut für das farbige Sehen zuständig, da aber von diesen deutlich weniger als von den Stäbchen vorhanden sind, sieht der Hund wahrscheinlich ein kräftiges Pink eher als ein pastelliges Rosa.

Sehen bei Dämmerung

Bei Dämmerung sind die Hunde dem Menschen also überlegen. Durch die an der Rückwand der Hundeaugen befindliche Licht reflektierende Schicht (Tapetuum Lucidum) wird das aufgenommene Bild verbessert und verstärkt. Diese Schicht ist es auch, die bei manchen Fotoaufnahmen mit Blitz oder bei Scheinwerfereinfall in der Dämmerung gelb oder grün reflektiert. Bei Menschen erscheinen die Augen bei Blitzaufnahmen rot, es sind dann die roten, feinen Blutgefäße im Augenhintergrund zu sehen.

Bewegungen erkennen

Hundeaugen reagieren von Natur aus sehr stark auf Bewegungen. Sie sind geradezu fixiert auf Dinge, die sich bewegen. In einer dichten Decke von Laub im Wald nimmt der Hund nicht wie wir Blatt für Blatt wahr. Für ihn erscheint das Ganze tatsächlich wie eine Fläche. Jedoch registriert er jede kleine Bewegung innerhalb dieser Fläche. Auf diese Weise ist es ihm möglich die Bewegungen darunter, z. B. die Bewegungen von Mäusen, schnell zu erkennen.

Erst als sich der Ball an der Reizangel in Bewegung setzt, kann sich Amos nicht mehr zurückhalten und beginnt die Jagd.

Die Tatsache, dass ein Hund so stark auf Bewegungen fixiert ist, lässt für mich nur den Rückschluss zu, im Training immer auch mit körpersprachlichen Signalen wie Handzeichen zu arbeiten. Bei D.O.G.S. geht es ja darum, sich die natürlichen Veranlagungen des Hundes in der Kommunikation bzw. im Training zunutze zu machen. Infolgedessen ist z. B. das regungslose Abrufen wie in der Begleithundeprüfung für mich absurd.

Peripheres Sehen

Der Hund verfügt über ein wesentlich weiteres Gesichtsfeld als der Mensch. Beim Menschen beträgt das Gesichtsfeld ca. 200 Grad, der Hund verfügt hingegen je nach Rasse über ein Gesichtsfeld von bis zu 270 Grad. So sind Hunde dazu imstande, die geringsten Bewegungen in sehr weitem Umfeld zu erkennen. Dass viele Hunde Entfernungen nicht richtig abschätzen können, hängt mit dem Überschneidungsgrad der einzelnen Gesichtsfelder zusammen. Je weiter die Augen an der Seite des Kopfes liegen, desto breiter ist zwar das Gesichtsfeld, aber umso weniger überschneiden sich diese beiden Felder zwischen den Augen. Hat ein Hund die Augen vorne am Kopf ähnlich wie beim Menschen, ist das gesamte Gesichtsfeld zwar eingeschränkter, aber die Überschneidungen der einzelnen Gesichtsfelder zwischen den Augen sind größer und ermöglichen ein besseres binokulares (beidäugiges) Sehen. Der Mensch hat beim binokularen Sehen einen Überschneidungsbereich von 120 Grad, der Hund hingegen nur einen Überschneidungsbereich von bis zu 60 Grad.

Während wir Menschen Rot und Grün normalerweise gut unterscheiden können und den roten Dummy gut sehen (rechts), können Hunde Rot und Grün nicht unterscheiden.

Nah- und Fernsicht

Es wird angenommen, dass sich die Größe der Linse des menschlichen Auges schneller verändern kann als beim Hund. So kann der Mensch schnell zwischen Nah- und Fernsicht wechseln, wohingegen der Hund zunächst noch etwas verschwommen sieht. Bei vielen Zwergrassen wurde auch eine extreme Kurzsichtigkeit festgestellt, die durch geruchliche Untersuchung von nahen Gegenständen beobachtet wurde. Hier wurde stärker die Nase als die Augen zur Suche eingesetzt (vgl. Neville 1992).

Perspektive

Damit wir das Sehfeld unseres Hundes besser verstehen können, ist es hilfreich, sich einmal auf seine Position zu begeben, um die Welt aus der Hundeperspektive zu sehen. Begibt man sich auf die Augenhöhe eines mittelgroßen Hundes, wird deutlich, wie anders ein Hund die Welt sieht. Der Mensch sieht für ihn aus wie ein Riese und viele Dinge bleiben Hunden verborgen.

Anhand des Vergleichs zwischen der Hunde- und der Menschenperspektive wird deutlich, wie bedrohlich ein Mensch auf einen Hund wirken kann. Ein Hund steht mit einem Menschen nicht auf Augenhöhe. Das Beispiel der Menschenperspektive zeigt auch, dass Hunde aufgrund ihrer niedrigeren Körpergröße ihr Umfeld nicht so sehr überblicken können wie wir Menschen. Die Person hinter der Mauer kann von dem Hund erst gesehen werden, wenn sie an der Mauer vorbeigelaufen ist. Der Mensch, der mit einem Hund spazierengeht, sollte sich solcher Situationen bewusst sein. Bei solchen, für den Hund plötzlichen Begegnungen, kann er sich erschrecken, verängstigt oder aggressiv reagieren.

Perspektive Hund – für ihn wird der Mensch durch das Gras verdeckt und er hat keine Möglichkeit, ihn schon von Weitem zu bemerken.

Perspektive Mensch – aufgrund unserer Körpergröße können wir über das Gras schauen und den Menschen auf uns zukommen sehen.

Alles in Bewegung – wie Hunde Stimmungen über ihren Körper ausdrücken

Eine sehr wichtige Rolle in der visuellen Kommunikation spielen Bewegungen. Alle Körperteile sind an dieser Kommunikation beteiligt und müssen immer im Ganzen betrachtet werden.

Spielaufforderung
Hunde, die spielen möchten, verdeutlichen dies durch ihren herabgesenkten Oberkörper und ein in die Luft gestrecktes Hinterteil mit wedelnder Rute. Hinzu kann ein aufforderndes, helles Bellen kommen, das den anderen Hund provozieren soll mitzuspielen.

Im Spiel werden schnell wechselnde Bewegungen gezeigt.

Spielen Hunde untereinander, mischen sie viele Verhaltensformen. Manche Hunde lieben es die Beute zu spielen und gejagt zu werden, andere hingegen jagen lieber hinter der vermeintlichen Beute her. Im Spiel kommt es aber auch häufig zum Rollenwechsel und jeder ist mal der Jäger oder der Gejagte. Spielen zeichnet sich weiterhin durch übertriebene, schnell wechselnde Bewegungen aus.
Die Hunde zeigen häufig schnell wechselnde Mimik, die aber nicht ernst gemeint ist. Im Spiel wird gelernt, wie man mit Aggressionen umgeht. Dabei wird auch spielerisch erfahren, welcher der Hunde der Stärkere ist.

1) Mona (hinten) zeigt klassische Spielaufforderung Ronja gegenüber.

2) Mona reagiert auf die drohende Haltung von Frieda mit einer Spielaufforderung, um die Situation zu deeskalieren.

Gaia (links) unterwirft sich Pina. Diese signalisiert mit direktem Blickkontakt und erhobener Rute ihre höhere Position, ohne ernsthaft zu drohen.

Spielen als Training zur Kommunikationsfähigkeit
„Regelmäßiges Spielen baut Vertrauen auf, erweitert das Repertoire des Hundes in seiner Kommunikationsfähigkeit innerhalb der eigenen Art und trägt dazu bei, dass sein Fang locker bleibt. Je öfter Hunde mit anderen in Kontakt treten, desto runder werden ihre sozialen Fähigkeiten, was sie letztlich zu wahren Diplomaten macht, die sogar die ängstlichen oder asozialsten Hunde zu einem Spiel überreden, grobe Kerle besänftigen und über eine umwerfend subtile Körpersprache potenzielle Kampfsituationen entschärfen können." (Donaldson 2000)

Bewegungen des Kopfes
Durch die Richtung, in die ein Hund seinen Kopf hält, kommuniziert er ebenfalls mit seinem Gegenüber. Die Kopfhaltung ist entscheidend für die Botschaft, die vermittelt wird. Richtet sich der Kopf des einen Hundes zum anderen Hund, ist es ein Zeichen von Sicherheit und/oder Dominanz.
Wendet der andere Hund den Kopf ab und schaut in eine andere Richtung, kann er dadurch die Drohung des ersten besänftigen und stellt sich unsicher, ängstlich oder einfach nur friedlich dar (siehe S. 115).
Ein leichtes Abwenden des Kopfes eines aggressiv anmutenden Hundes verrät deutlich seine innere Unsicherheit.

Gaia hebt als Zeichen ihrer Unsicherheit eine Pfote.

Gaia geht beschwichtigend auf Pina zu, die in gerader Körperhaltung und mit erhobener Rute ihre Stellung demonstriert. Sie fixiert Gaia, die den Blickkontakt vermeidet und leichtes Züngeln zeigt (Stresssymptom). Die Situation zwischen den beiden Hunden ist angespannt.

Bewegungen der Gliedmaßen

Der Hund kann auch mit seinen Gliedmaßen Stimmungen ausdrücken. So hebt er z. B. zur Beschwichtigung pfötelnd die Pfote. Diese Geste hat sich ontogenetisch (entwicklungsgeschichtlich) aus dem Milchtritt des Welpen entwickelt. Sie unterscheidet sich deutlich vom dominanten Pfoteauflegen des Hundes z. B. auf das Knie des Menschen, mit dem der Hund Aufmerksamkeit einfordern will. Die pfötelnde Geste ist begleitet von weiteren Beschwichtigungssignalen des Hundes. Es entstehen z. B. kurze und indirekte Blickkontakte. Der Hund verringert seine Körpergröße. Diese Bewegungen ähneln stark dem typischen Futterbetteln der Welpen. Der Hund zieht sein Gesicht nach hinten, legt die Ohren an und zieht die Mundwinkel in Richtung der Ohren.

1) Sammy ist unsicher, verängstigt. Er duckt sich ab, legt die Ohren nach hinten und krümmt seinen Rücken.

2) Frieda (rechts) steht hingegen selbstbewusst aufrecht, mit erhobenem Kopf und durchgedrückten Vorderläufen.

Bewegungen des Rumpfes

Je unsicherer, ängstlicher oder unterwürfiger ein Hund ist, desto stärker krümmt er den Rücken und macht eine Art Buckel.

Bei manchen Rassen jedoch, wie z. B. bei einem Windhund, ist der Rundrücken angezüchtet worden und kann so zu Missverständnissen in der Kommunikation beitragen. Für das Gegenüber sieht es so aus, als würde der Hund Angst haben, in Wirklichkeit droht er aber vielleicht. Auch seine Körpersprache kann so ambivalent wirken, die Mimik ist drohend, die Rumpfhaltung unterwürfig. Dies kann dazu führen, dass der andere Hund die Drohung nicht ernst nimmt, den anderen Hund z. B. weiter bedroht und es so zu einem „ernsthaften" Kampf kommt.

Ist der Hund selbstbewusst, imponiert oder droht er, hält er seinen Rücken umso gerader und drückt die Gliedmaßen steif durch.

Bewegungen der Rute

Obwohl vielfach verbreitet, wedelt ein Hund nicht nur aus Freude mit der Rute. Er zeigt damit zunächst einmal nur Erregung an. Diese Erregung kann freudiger Natur sein, aber genauso auch eine drohende Geste. Macht man sich die vielen Bedeutungen des Wedelns bewusst, versteht man auch die Schwierigkeit bei der Kommunikation eines rutenkupierten Hundes. Ihm ist es kaum möglich, mit seiner verkümmerten Rutenspitze zu kommunizieren. Außerdem werden solche Hunde häufig von anderen Hunden missverstanden, ohne dass sie sich des Problems selbst bewusst sind. Für das Gegenüber sieht es so aus, als würde er die Rute einziehen, auch wenn er z. B. gerade droht. Somit wird seine Kommunikation nicht mehr leserlich für andere Hunde. Ein Hund ist nicht nur in der Lage, seine Rutenhaltung zu ändern, er kann die Rute auch zielgerichtet bewegen.

Die Rute hat viel zu sagen!

Schnelles Wedeln
Das Wedeln ist ein Zeichen von Erregung oder auch Anspannung. Je schneller der Hund wedelt, desto höher ist sein Erregungszustand. Ein Hund mit langer Rute wird eher weiträumig und langsamer wedeln. Bei einem Hund mit kurzer Rute hingegen wird sie sich ganz schnell und kurz hin- und herbewegen, ja fast sogar vibrieren. Natürlich ist hier auch immer die rassetypische Normalstellung der Hunderute mit einzubeziehen bzw. zu beachten! So zeigt der Airedale Terrier, mit seiner über den Rücken gekringelten Rute, grundlegend weniger Bewegungen als zum Beispiel der Golden Retriever.

Leichtes Wedeln mit der Rutenspitze
Dieses Wedeln wird oft nur mit der Rutenspitze ausgeführt, die Rute befindet sich dabei abgesenkt. Der Hund zeigt es z. B. als Reaktion auf Zuwendung oder Heimkehr seiner Familienmitglieder. Er drückt damit dem Ranghöheren gegenüber seine freundliche und beschwichtigende Stimmung aus. Welpen zeigen dieses Wedeln bei der Begrüßung ihrer Eltern nahezu ausschließlich.

Vibrierendes Wedeln mit der Rutenspitze
Dieses Wedeln wird nur mit der Rutenspitze ausgeführt, die Rute befindet sich dabei hochgetragen, die Rutenspitze vibriert stark. Der Hund zeigt es z. B., wenn er einen Konkurrenten trifft. Die beiden Hunde umkreisen dabei einander und schätzen die Stärke und Intentionen des anderen ab.

Schwingendes Wedeln
Beim schwingenden Wedeln schwingt die Rute leicht hin und her in der Verlängerung des Rückens. Dabei ist der Kopf leicht abgesenkt und der Hund fixiert sein Gegenüber. Er droht hierbei seinem Gegenüberstehenden, einen Angriff zu starten, wenn dieser jetzt auf ihn zukommt.

Wedeln nur zu einer Seite
Der Hund kann auch gezielt nur zu einer Seite stark wedeln. Dieses Verhalten sieht man z. B., wenn ein Hund neben dem Menschen steht. Hier spielt wieder die Violsche Drüse eine große Rolle, der Duft des Hundes wird ja nun vermehrt zu einer Seite verteilt.
Wedelt der Hund also z. B. vermehrt in Richtung des Menschen, kann man dieses Verhalten als eine Art Markieren des Hundes deuten. Der Mensch wird mit dem Duft des Hundes einparfümiert.

Breites Wedeln
Das breite Wedeln ist nicht bedrohlich, sondern freundlich gemeint und ist ein Zeichen, dass es dem Hund gut geht. Es wird häufig im Spiel gezeigt und dort von Knurren und Bellen unterstützt. Die Laute sind hierbei aber kein Zeichen von Entspanntheit.
Diese Form des Wedelns ist häufig im Spiel in vertrauten Situationen, sowie bei der Vorderkörpertiefstellung zu beobachten.

Breites Wedeln in Form einer Acht
Das breite Wedeln in Form einer Acht zeigt der Hund nur bei stärkster Erregung! Dieses Wedeln sieht man z. B. beim sexuell aktiven Rüden, der eine Hündin trifft.

Breites Wedeln, evtl. mitschwingende Hüfte
Hierbei handelt es sich um die freundlichste Art des Wedelns. Der Hund kann es zeigen, wenn er einen anderen Hund länger nicht gesehen hat oder seine Familie begrüßt. Je stärker der Hund dabei sein Hinterteil absenkt, desto aufgeregter ist er. Unterstützt wird dieses unterwürfige und aggressionshemmende Wedeln häufig noch durch hektisches Belecken seines Gegenübers oder In-die-Luft-Lecken. In aller Regel ist der Kopf dabei leicht abgesenkt und in schräger Haltung.

Langsames Wedeln, die Rute ist leicht gesenkt
Solange die Rute weder hoch noch tief, sondern leicht gesenkt ist, zeigt der Hund Unsicherheit über die Situation, oder Unsicherheit über sein eigenes Handeln. Sobald die Unsicherheit nachlässt oder stark zunimmt, wird er die Rute wieder heben bzw. senken (vgl. Coren 2002).

Samy wedelt mit seinem ganzen Körper und drückt dabei seine Freude aus.

Der Hund zeigt deutlich anhand seiner Bewegungsformen, in welcher Stimmung er sich befindet.

Bewegungsformen

Schritt, Trab und Galopp dienen zwar grundlegend zunächst einfach nur der Fortbewegung, sie können aber auch im Gesamtkontext einer Situation dem Imponieren dienen.

Imponiertrab

Der Imponiertrab ist stark nach vorne orientiert und zeigt eine Art Trippeln des Hundes. Die Schritte sind hierbei stark federnd, der Hund ist im Gesamten aufgerichteter als beim normalen Trab. Die Rute wird dabei hochgetragen, die Ohren sind nach vorne in Richtung des Gegenübers aufgestellt. Diese Bewegungsform sieht relativ elegant aus, soll jedoch dem Gegenüber, also z. B. anderen Hunden oder auch dem Menschen, imponieren.

Lange raumgreifende Schritte beim Jagdgalopp. Der ganze Körper wird nach vorne gestreckt.

Imponiergalopp

Den Imponiergalopp setzt ein Hund häufig für sogenannte Scheinattacken ein. Dabei „hoppelt" er mit großen Sprüngen und geradem Rücken, mit hochgetragener Rute und aufrecht gehaltenem Kopf auf sein Gegenüber zu und stampft auffallend, mit einem für den Hund gut erkennbaren „lauten" Geräusch, mit beiden Vorderbeinen zugleich auf. Bei dieser Bewegungsform ist die Schrittlänge gering, der Hund hat keinen großen Raumgriff und Vorwärtsschub.

Der Imponiergalopp unterscheidet sich deutlich vom Jagdgalopp des Hundes. Bei dieser Bewegungsform werden die Vorderbeine weit nach vorne gesetzt, die Wirbelsäule wird aktiv gestreckt und fördert den großen Schub aus der Hinterhand. Die Rute wird in Verlängerung des Rückens ebenfalls waagerecht gestreckt gehalten, genauso wie der Kopf, der weit nach vorne gerichtet wird. Die Schrittlänge ist dadurch enorm, der Hund hat einen sehr großen Raumgriff.

Das Beobachten der Körpersprache der Hunde spielt aus meiner Sicht bei der Hundeerziehung leider immer noch eine viel zu geringe Rolle. Vielen Menschen geht es leider in erster Linie darum, dass ihr Hund funktioniert. Diese Tatsache als solche ist schon bedauerlich genug. Jedoch führt sie häufig sogar zu gravierenden Problemen in der Mensch-Hund-Beziehung. Folgendes Beispiel soll verdeutlichen, was gemeint ist: Frau Bertram nimmt mit ihrem Rüden Carlos an der Begleithundeprüfung teil. Carlos kommt beim Abrufen auch zügig und auf direktem Weg zu ihr. Was allerdings in all dem Geschehen völlig außer Acht gelassen wurde, ist, dass er sich ihr nicht in raumgreifenden Schritten per Jagdgalopp nähert, sondern nahezu ausschließlich im Imponiergalopp. Da Carlos auch beim Fußgehen stets im Imponiertrab neben Frauchen herstolziert, scheint dies der rote Faden in deren Beziehung zu sein. Damit wir uns nicht falsch verstehen, mein Wunsch ist es natürlich nicht, dass Hunde devot neben uns herlaufen oder geduckt auf uns zukommen. Aber Imponiergehabe noch zusätzlich zu fördern, halte ich für grundlegend falsch.

Vorstufe zum Imponiergalopp: Der Vorderkörper wird nach oben gerichtet. Im nächsten Moment wird dieser Hund mit beiden Vorderbeinen gleichzeitig auf dem Boden landen.

Körperhaltung – der Spiegel in die Seele

Von Bedeutung für die Kommunikation ist auch immer die Haltung der jeweiligen Körperteile des Hundes.

Haltung des Kopfes

Sieht der Hund über den nach unten gehaltenen Nasenrücken, ist die Lage ernst. Er ist nun ernsthaft dazu bereit, sich einem Konflikt zu stellen. Das bedeutet für den Hundehalter, auf Deeskalation zu achten. Man kann das Verhalten vergleichen mit dem Spruch: „Auf jemanden herabschauen". Der Hund ist in diesem Fall der Überlegene.

Schaut der Hund zu einem auf, der Nasenrücken bleibt dabei oben, ist es ein Zeichen von Unsicherheit. Der Augenkontakt mit dem Hund sollte danach abgebrochen werden, um die Unsicherheit des Hundes nicht noch zu verstärken. Bleibt der Augenkontakt zu lange bestehen, könnten sich gerade sensible Hunde bedroht fühlen. Dies kann zum einen dazu führen, dass sich der Hund so in die Enge getrieben fühlt, dass er einen Angriff startet. Zum anderen kann es aber auch dazu führen, dass der Hund das Vertrauen verliert, sich immer unsicherer fühlt und sich mehr und mehr vom Menschen abnabelt.

1) Der linke Hund droht defensiv (mandelförmige Augen, lang nach hinten gezogene Maulwinkel), woraufhin der rechte Hund seine Ohren anlegt, den Kopf abduckt und den Blick leicht senkt.

2) Finia zeigt Futteraggression: Ihre Augen sind weit geöffnet und kreisrund, der Nasenrücken abgesenkt. Dem Ochsenzimer in ihren Pfoten sollte sich jetzt besser keiner nähern!

Haltung der Gliedmaßen

Begegnen sich zwei Hunde, so kann man an der Art der Gewichtsverteilung auf die Beine sehr gut erkennen, wer der sichere und wer der unsichere Hund ist.

Der sichere Hund

Der selbstsichere Hund verlagert sein Gewicht auf die gerade durchgestreckten Vorderbeine. Dabei hält er seinen Kopf gerade, imponierend nach oben und nach vorne gerichtet und senkt den Fang leicht nach unten.

1) Devil, ein sehr selbstbewusster, nicht drohender Hund – aufmerksamer Blick, aufrechte Haltung, Ohren leicht nach vorne gerichtet.

2) Flapes, ein sehr unsicherer Hund – Rücken zwar gerade, aber die Rute ist eingeklemmt und die Ohren sind zurückgelegt.

Der unsichere Hund

Der zurückhaltende, unsichere Hund lehnt sich mit seinem Gewicht auf die leicht abgesenkten Hinterbeine, wobei der Schulterbereich leicht gesenkt und der Kopf nach vorne gestreckt wird. Durch diese Gewichtsverteilung verkleinert sich der Hund optisch und kann auch schneller die Flucht ergreifen.

Haltung des Rumpfes

Das Aufstellen der Nackenhaare geschieht, wenn ein Hund unsicher ist. Dadurch möchte er sich optisch größer machen, als er eigentlich ist. Doch „Bürste" ist nicht gleich „Bürste". Hunde können nicht nur die Haare des Nackenbereiches aufstellen, sondern auch die gesamte Rückenpartie bis hin zum Po. Zeigt der Hund die Bürste nur über der Schulterpartie, ist er eher imponierend, zeigt er sie allerdings über den gesamten Rücken, geschieht dies aus Unsicherheit oder Angst. Indem der Hund das Fell über die gesamte Rückenpartie aufstellt, versucht er seine Angst und Unsicherheit damit zu überspielen. Aufgestellte Haare können aber durchaus auch in komplett aggressionsfreien Situationen auftreten. Unter anderem z. B. auch dann, wenn miteinander absolut vertraute Hunde stark körperliche Jagdspiele zeigen.

Das aufgestellte Nackenhaar von Gaia (rechts) drückt Unsicherheit aus. Dies wird durch die geduckte Körperhaltung und den abgesenkten Kopf noch verstärkt zum Ausdruck gebracht.

Die Rute des linken Hundes ist locker vom Körper weggestreckt, er steht sicher auf seinen Hinterbeinen. Die Rute des rechten Hundes ist leicht abgesenkt, die Hinterhand leicht eingeknickt.

Haltung der Rute

Anhand der Rutenhaltung eines Hundes lässt sich eine Menge über seinen Gemütszustand sagen. Hierbei muss natürlich auch immer der Hund im Ganzen gesehen werden. Nicht nur die Haltung, auch die Art der Bewegung ist dabei zu berücksichtigen.

Waagrecht, aber locker vom Körper weg, ohne große Bewegungen
Der Hund zeigt Aufmerksamkeit. Diese Stellung zeigt er zum Beispiel dann, wenn sich eine Person nähert oder wenn er ein Geräusch hört, das seine Aufmerksamkeit erregt. Sowohl die Ankunft der Person als auch das Geräusch sind aber als nicht bedrohlich von ihm eingeschätzt worden.

Waagerecht, starr vom Körper weg
Die starre Rute weist auf erhöhte Alarmbereitschaft und/oder Aggressionen hin, wenn sich zum Beispiel fremde Hunde nähern, oder auch bei der Jagd. Auch in Konkurrenzsituationen signalisieren Hunde so ihre Stimmung, bis sich Weiteres geklärt hat.

Körperhaltung – der Spiegel in die Seele 105

Links Rute aufrecht, starr, rechts über den Rücken gebogen.

Rute aufrecht und starr, waagrecht bis senkrecht
Dieser Hund zeigt starkes Imponierverhalten, was er extrem durch die starre Haltung ausdrückt. Diese Haltung zeigt ein Hund z. B., wenn er auf einen anderen trifft. Er möchte sich diesem gegenüber keine Blöße geben, schätzt die Situation aber noch nicht als ernsthaft bedrohlich ein.

Rute über den Rücken gebogen
Dieser Hund erwartet keine Bedrohung, ganz im Gegenteil, er ist selbstbewusst. Es kann durchaus ein Zeichen von absoluter sozialer Sicherheit sein, jedoch überspielen Hunde häufig genug auch ihre Unsicherheit in der jeweiligen Situation durch – oberflächlich betrachtet – starke Präsenz. Bei genauerer Betrachtung kann man aber nur allzu oft zeitgleich nach hinten gekippte Ohren beobachten und ein helles Bellen, in Verbindung mit einer Kopfbewegung von unten nach oben, hören. Also: Alles sichere Zeichen dafür, dass dieser Hund nur blufft.

Rute tiefer als horizontal
Diese Haltung ist ein Signal für Ruhe und Entspannung.

Rute links in entspannter Haltung, Rute rechts leicht eingeklemmt.

Rute vollständig gesenkt und leicht eingeklemmt
Bei gestreckten Beinen signalisiert diese Haltung psychischen Stress, Schmerzen oder Krankheit. Fällt der Rücken nach hinten ab, ist der Hund unsicher, zeigt Furcht oder Sorge. Nicht ausreichend geprägte Hunde senken z. B. auch die Rute, wenn sie in fremder Umgebung sind, bzw. mit fremden Hunden oder Menschen in Kontakt kommen.

Rute eingeklemmt
Je tiefer der Hund die Rute hält und je mehr er sie dabei zwischen die Hinterbeine klemmt, desto unsicherer und ängstlicher ist er. Diese Haltung ist auch ein wichtiges Signal bei der Beschwichtigung. Das Einklemmen der Rute bewirkt vor allem, dass der Hund keine große optische Präsenz zeigt. Dies soll dazu führen, dass sein Gegenüber sich nicht provoziert fühlt. Er kann dadurch auch durchaus die Aggressionen des anderen Tieres durch die verkleinernde, untergeordnete Position hemmen. Allerdings werden solche Hunde nicht selten Opfer von Mobbing durch andere Hunde, da diese nun sozusagen den „Prügelknaben" gefunden haben. Mobbing wird übrigens in aller Regel von Hunden gestartet, die selbst nicht sonderlich selbstbewusst sind. Quasi getreu dem Motto: „Endlich jemand, der noch unsicherer ist als ich".

Kupierte Rute
Betrachtet man die körpersprachliche Bedeutung der Rutenstellung, so wird klar, wie behindert kupierte Hunde in ihrer Kommunikation sind. Durch die verstümmelte Rute können sie selbst kaum klare Signale anzeigen, noch von anderen Hunden richtig verstanden werden.

Statistisch gesehen, geraten rutenkupierte Hunde häufiger in Streitigkeiten aufgrund der Tatsache, dass andere Hunde sie schlechter einordnen können. Auch die rassetypischen Rutenhaltungen, z. B. hochgetragen wie beim Spitz, auf den Rücken gerollt wie beim Mops oder runterhängend wie beim Windhund, führen häufig zu gravierenden Kommunikationsmissverständnissen.

Körperpositionen
Entscheidend für die Kommunikation sind natürlich auch bestimmte Körperpositionen, welche die Hunde einnehmen.

T-Stellung
Die T-Stellung ist eine aktive territoriale Begrenzung des Gegenübers, bei der sich ein Hund dem anderen in den Weg stellt, seinen Weg sozusagen kreuzt, um ihm das Privileg auf ungehemmte Bewegungsfreiheit gegenüber dem ranghohen Tier zu nehmen. Zwei Hunde begegnen einander, beschnüffeln sich, drehen sich im Kreis, bis der eine aktivere Hund den anderen überholt und sich dominant quer vor ihn stellt. Hierbei bildet der dominante Hund den Balken des Ts, der andere den vertikalen Strich. In solchen Situationen sollten alle Menschen den Ort des Geschehens zügig, aber nicht hektisch, verlassen. Auf diese Weise deeskaliert die Situation sehr schnell.
Akzeptiert der andere Hund die dominante Stellung des ersten Hundes nicht, kann er dies durch Ignoranz zeigen und am Po des ersten Hundes vorbeigehen. Ein sozial sicherer Hund, der die Provokation vermeiden möchte, wählt in aller Regel nicht den Weg vorbei am Maul des Gegenübers, denn der Artgenosse könnte dies für sich selbst wiederum als Eingrenzung betrachten.
Zeigt sich der bedrängte Hund dem Dominanten gegenüber submissiv, kann sich die Situation auch entspannen, da fürs Erste die Situation geklärt wurde.

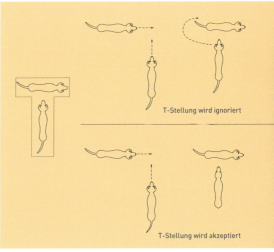

T-Stellung
(Zeichnung: Anja Spinne)

> **Info**
>
> **Signal „Bei Fuß"**
>
> In Anbetracht von Beobachtungen des hundlichen Verhaltens sind manche Übungen, die in einigen Hundeschulen durchgeführt werden, geradezu paradox. Dem Hund wird beigebracht, bei dem Signal „Fuß" seinen Menschen zu umkreisen, um sich dann seitlich wieder neben ihn zu setzen. Das ganz enge Bei-Fuß-Laufen, mit der Schulter des Hundes am Bein des Menschen, mit vorgerichtetem schräg vor dem Menschen gehaltenen Kopf, stellt in hündischer Kommunikation eine Provokation und ein Bedrängen dar. Warum ich als Mensch ausgerechnet ein solches Verhalten meinem Hund beibringen sollte, bleibt mir ein Rätsel.

Bedeutung der Körperhaltungen

Oft führt die Körpersprache des Hundes beim Menschen zu Missverständnissen, da sie nicht richtig verstanden wird. Man darf nicht den Fehler machen und die Signale des Körpers isoliert sehen. Der ganze Körper muss bei der Deutung mit einbezogen werden, da einzelne Signale unterschiedliche Bedeutung haben können, ist ihre Kombination besonders wichtig (vgl. Feddersen-Petersen 1986).

Entspannte Haltung

Um die vielen Ausdrucksformen der Hunde besser verstehen zu können, ist es zunächst einmal wichtig, die entspannte, normale Körperhaltung eines Hundes erkennen zu können. Der Hund steht mit leicht angehobenem Kopf auf seinen leicht gewinkelten Beinen. Der Fang ist oft leicht geöffnet, die Zunge etwas sichtbar. Die Rute hängt entspannt nach unten und die Ohren werden leicht aufgerichtet gehalten. Ein Hund mit Hängeohren kann natürlich nur die Ohrwurzel nach vorne ziehen und nicht wie ein Hund mit Stehohren, das ganze Ohr komplett aufrichten.

Mona schaut aufmerksam, mit nach vorne gerichteten Ohren.

Aufmerksame Haltung

Der Hund steht mit angehobenem Kopf, leicht nach vorne geneigt, das Gewicht auf die Zehen gestützt. Die Ohren sind nach vorne gerichtet, die Augen geöffnet. Die Nase und die Stirn sind glatt und der Fang bleibt geschlossen. Die Rute steht relativ waagrecht vom Körper ab und kann leicht hin- und herbewegt werden.

Verspielte Haltung

Der Hund zeigt im schnellen Wechsel übertriebene Bewegungsmuster und Körperstellungen ohne konkreten Bezug auf die momentane Situation. Typisch für einen spielenden Hund ist häufig die Vorderkörpertiefstellung. Hierbei werden die Vorderpfoten in den Boden gedrückt, der Vorderkörper wird gesenkt. Die Rute ist hierbei aufgerichtet, meistens

Gaia kommt frontal auf Frieda zu, die daraufhin ausweicht.

Gaia imponiert, jedoch nimmt sie dabei keine drohende Haltung gegenüber Frieda ein.

mit einem kräftigen, breiten Wedeln verbunden. Die Ohren sind aufgerichtet, die Augen weit geöffnet und der Fang leicht geöffnet, so dass die Zunge sichtbar sein kann.

Imponierhaltung

Es gibt viele Imponierbewegungen, wie z. B. das Scharren, Markieren, Aufreiten, Pfoteauflegen, die T-Stellung usw. Doch ein Hund kann auch allein durch seine Körperhaltung imponieren. Er steht dabei steifbeinig auf allen vier Beinen und versucht sich, durch starkes Anheben des Kopfes, größer zu machen als er eigentlich ist. Die Rute kann mehr oder weniger hoch getragen und leicht pendelnd hin- und herbewegt werden. Die Ohren sind leicht nach vorne gestellt. Der direkte Blickkontakt wird aber häufig vermieden, denn Imponiergehabe läuft ja nicht zwingend auf eine körperliche oder aggressive Konfrontation hinaus. Dies könnte aber unter Umständen ein starres Fixieren zur Folge haben.

1) Entspannte Unterwerfung mit einem Hauch von Skepsis (Kopf wird leicht angehoben).

2) Der Welpe unterwirft sich total entspannt – er hat Vertrauen zu Mona.

Haltung bei offensiver Drohung

Die Haltung bei der offensiven Drohung ähnelt der Imponierhaltung. Die Hunde stehen steifbeinig und leicht nach vorne geneigt. Sie wollen sich optisch vergrößern und sträuben häufig die Hals- und Nackenhaare. Sie heben die Rute über die Rückenlinie an, dabei können die Rutenhaare gesträubt werden. Die Rute ist steif, kann aber auch leicht vibrieren. Sie tragen den Kopf leicht gesenkt, so dass Kopf und Rücken eine Linie bilden.

Die Mimik ist dabei gekennzeichnet durch kurze, runde Mundwinkel, die sich nach vorne hin zu einem Zähnefletschen hochziehen. Je unsicherer der Hund in dieser Situation ist, desto länger wird der Mundwinkel nach hinten gezogen. Die Ohren sind nach vorne gerichtet und der Gegner wird eventuell auch knurrend fixiert.

Haltung bei defensiver Drohung

Auf eine offensive Drohung kann ein anderer Hund mit defensiver Drohung antworten. Dies kann sich durch eingeknickte Beine, Verkleinern des Körpers, Sträuben der Nackenhaare, Einklemmen der Rute, Zurücklegen der Ohren und In-die-Luft-Beißen zeigen. Die Mundwinkel werden lang und spitz nach hinten gezogen, die Zähne werden über den gesamten Mundbereich gefletscht, sogar so stark, dass auch die Backenzähne und das Zahnfleisch sichtbar werden. Hierbei kann der Hund auch schreien, knurren oder Belllaute von sich geben (vgl. Feddersen-Petersen 2004).

Unterwerfung

Unterwerfung ist ein Zeichen von Unterordnung, d.h. ein rangniedriges Tier unterwirft sich einem ranghöheren. Das rangniedere Tier kann dies z.B. dadurch verdeutlichen, dass es sich kleiner macht, den Kopf zu Boden senkt, zu kriechen beginnt oder sich auf den Rücken legt. Dieses Verhalten kann bei anderen Hunden die Aggression dämpfen, da der Hund durch die verkleinerte, infantile Körperhaltung dem Gegenüber zu verstehen gibt, dass von ihm keine Gefahr ausgeht.

Haltung bei aktiver Unterwerfung

Die aktive Unterwerfung geht vom submissiven Tier selbst aus. Sie erscheint manchmal geradezu als aufdringlich. Der rangniedere Hund ist zwar auch angespannt, geht aber auf den ranghöheren zu und versucht diesen aktiv zu besänftigen, indem er ihm z.B. an den Mundwinkeln leckt oder beschwichtigend die Pfote hebt. Der Blickkontakt wird nicht – wie bei der passiven Unterwerfung – vermieden, es entstehen kurze und indirekte Blickkontakte. Der Hund verringert seine Körpergröße.

Diese Bewegungen ähneln sehr stark dem typischen Futterbetteln der Welpen. Der Hund zieht sein Gesicht nach hinten, legt die Ohren an und zieht die Mundwinkel in Richtung der Ohren.

Haltung bei passiver Unterwerfung

„Der Anstoß zur passiven Unterwerfung geht vom dominanten Tier aus..." (vgl. Aldington 1986). Der andere Hund unterwirft sich in diesem Falle komplett, liegt auf dem Rücken und wagt es nicht, sich auch nur im Geringsten zu bewegen. Man spricht von passiver Unterwerfung, wenn sich der Hund in dieser Position ganz ruhig, still und passiv verhält. Allein das Auf-den-Rücken-Werfen kann schon die Aggressionen des drohenden Hundes dämpfen. Auffälligerweise haben Welpen eine fast nackte, zartrosafarbene Bauchdecke und sogar viele erwachsene Hunde sind an der Körperunterseite mit hellerem Fell bewachsen. Diese hellere Farbe scheint als Signal bei der Aggressionsdämpfung ebenfalls eine große Rolle zu spielen. Unterwirft sich ein Hund passiv, kann er in seiner Körperposition seine Gesichtsmimik optimal verstecken, zieht hierbei aber doch meist die Mundwinkel stark nach hinten, der Angreifer wird nur noch mit rein körpersprachlichen Signalen konfrontiert. Die passive Unterwerfung kann auch durch Winseln, Fiepen oder Schreien begleitet werden. Doch das „Sich-auf-den-Rücken-Legen" ist nicht immer eine Unterwerfung, der liegende Hund kann durchaus noch andere Signale aussenden (siehe Info).

Wird Demut nur in abgeschwächter Form gezeigt, kann der Hund es dem Gegner auch im Stehen oder Sitzen signalisieren, indem er zu der eben beschriebenen Mimik den Blickkontakt vermeidet, sich die Schnauze leckt oder ungerichtete Leckbewegungen ausführt und evtl. sogar als Beschwichtigungsgeste eine Vorderpfote in Richtung des Gegners anhebt (vgl. Feddersen-Petersen 2004).

Info

Scheinbare Unterwerfung

Nicht jeder Hund, der sich auf den Rücken legt, unterwirft sich auch. Nur weil ein Hund auf dem Rücken liegt, heißt es nicht, dass er den anderen Hund nicht fixiert, treten oder durch Blicke provozieren kann.

Hunde haben viele Gesichter.

Mimik – die vielen Gesichter eines Hundes

Die Mimik eines Hundes ist sehr vielschichtig und kann eine Menge unterschiedlicher Stimmungen zeigen. Ein Hund hat viele Gesichter. Hierzu benutzt der Hund die unterschiedlichen Stellungen von Augen, Ohren, Lefzen, Stirn und Kopf. Im Vergleich zur Körpersprache wechselt sich die Mimik sehr viel nouancierter und schneller. Deshalb fällt es auch schwerer, die Mimik eines Hundes zu deuten. Ein kleiner, kurzer Blick in eine andere Richtung kann schon viel bedeuten. Hunde würden diese Signale niemals übersehen.

Wie Züchtung die Mimik beeinflusst

Diese Form der Kommunikation funktioniert unter gut sozialisierten Hunden sehr gut. Schwierigkeiten entstehen aber z. B. durch unterschiedliche optische Erscheinungsbilder der einzelnen Rassen. Die Unterschiede in den körpersprachlichen Ausdrucksmöglichkeiten sind hier gravierend. Fletscht z. B. ein Labrador seine Zähne, so ist das für jeden anderen Hund sofort gut sichtbar. Tut dasselbe jedoch z. B. ein Bobtail, ist das Signal durch die langen Haare kaum oder gar nicht für den anderen Hund oder einen Menschen erkennbar. Gleiches gilt auch für Hunde mit verkürzter, faltig gezüchteter Schnauze, wie z. B. dem Mops. Für andere Hunde entsteht hier der Eindruck, es stünde ein „Dauerfletscher" vor ihnen, und sie könnten ihm u. U. zunächst mit starkem Misstrauen begegnen. Hunde müssen daher die unterschiedlichen Rassen und ihre Ausdrucksformen bereits in der Welpenzeit kennenlernen.

Bei glatthaarigen Hunden ist die Mimik viel besser erkennbar. Hier kann man jedes „Fältchen" erkennen.

Die Mimik wird von der Fellstruktur und Farbe stark beeinflusst.

Farbe und Fellstruktur als Kommunikationshilfe

Selbst das Wachstum des Fells ist nach Kommunikationsmöglichkeiten strukturiert. Die Schnauze ist von kleinen, kurzen Haaren umgeben, in Richtung des Nasenrückens wird das Fell dichter und dichter. Die Haare zeigen alle parallel gegen die Stirn. Rund um die Augen wachsen die Haare in verschiedene Richtungen. Auf der Stirn wächst das Fell wieder in eine Richtung gegen die Ohren. Bei manchen langhaarigen Hunden bildet das Fell um den Hals herum einen Kragen, der das ganze Gesicht einzurahmen scheint.

Farbzeichnung

Unterstützend zur Fellstruktur kommt noch die Farbzeichnung hinzu. Betrachtet man den Kopf eines Wolfes, wird deutlich, dass er in aller Regel aus hellen und dunklen Fellpartien besteht. Der dunkle Kopf wird meist von hellerem Fell eingerahmt. Das Gesicht wird von den helleren Wangen hervorgehoben. Das Fell, das die dunklen Lippen umgibt, ist noch heller. Die dunkle Stirnpartie dient der Verdeutlichung des „Stirnrunzelns". Das dunkle Augenlid ist ebenfalls von hellerem Fell eingerahmt und so unterstützen auch die helleren Augenbrauen die Mimik. Dadurch, dass das Fell der Augenbrauen fast senkrecht in die Höhe zu wachsen scheint, bilden sie fast kleine „Beulen" und stehen geradezu hervor. Selbst die Ohren haben eine dunklere Außenkante und setzen sich deutlich von dem hellen Ohreninnenfell ab. Die Natur bedient sich hier eines Hell-Dunkel-Kontrastes. Einfarbige Hunde sind hier benachteiligt. Allerdings ist jetzt wieder die Fellstruktur von Bedeutung. Das Licht bricht sich an wichtigen Stellen im Fell, so dass optisch der Eindruck eines gefärbten Fells entsteht. Das Gesichtsmuster tritt so deutlich hervor. Besonders stark werden die Augenbrauen, die Stirn und die Partie rund um die Augen verdeutlicht.

Ein Blick sagt mehr als Tausend Worte.

Ein Blick in die Augen

Mit den Augen können Hunde nahezu alle Stimmungen anzeigen. Sie sind ein ganz wichtiger Bestandteil der Mimik. Der Blick eines Hundes kann steif, starr, drohend, warm, verlangend, fixierend oder ängstlich sein, um nur ein paar Beispiele zu nennen. Rund um die Augen sitzen viele kleine Muskeln, die auf verschiedene Weise arbeiten. Sind alle Muskeln entspannt, hat der Hund einen runden Blick, je angespannter sie werden, desto schärfer wird auch der Blick. Die Augen können auch ihre Form ändern, sich verschmälern oder erweitern. Je runder und somit größer die Pupille sichtbar wird, desto ängstlicher ist er.

Augenbrauen
Interessanterweise sind die Bewegungen der Augenbrauen mit den menschlichen zu vergleichen, obwohl der Hund eigentlich gar keine Augenbrauen im menschlichen Sinne hat. Es sind nur Muskelgruppen, die sich über den Augen befinden, er braucht sie auch nicht wie wir, um Schweiß von der Stirn abzufangen. Ist der Hund aggressiv gestimmt, zieht er diese Region zusammen, abwärts gegen den Nasenrücken. Ist er ängstlich und unterwirft sich, zieht er sie nach oben gegen die Schläfen.

Pupillen
Sieht ein Hund etwas Interessantes oder Erschreckendes, dann erweitern sich seine Pupillen. Dies geschieht ebenso bei Freude und positiver Erwartung. Das heißt, dass die Pupillen allgemein bei Erregung weiter werden. Dies kann also auch passieren, wenn der Hund vor Erregung aggressiv wird. Im Gegensatz zur freudig-erregten Situation, ziehen sich hierbei die Pupillen allerdings erst zusammen und werden dann weit (vgl. Coren 2002). Im Gegensatz dazu werden die Pupillen kleiner, wenn der Hund entspannt oder schläfrig ist.

Blickrichtung und Blickdauer

Ebenso wichtig wie der Blick ist auch die Blickrichtung. Richtet der Hund den Blick direkt gegen einen anderen Hund, ist das als Zeichen von Provokation oder Drohung zu verstehen. Unterwürfigkeit, Zurückhaltung, Friedfertigkeit werden mit abgewandter Blickrichtung signalisiert, die auch von einem Blinzeln unterstützt werden kann.
Es ist auch zwischen dem direkten und dem beobachtenden Blick zu unterscheiden. Für die untergeordneten Rudelmitglieder ist es wichtig, ranghöhere Tiere ständig zu beobachten, um deren Stimmungen auszuloten. Direkter Blickkontakt wird dabei aber aus bereits genannten Gründen gezielt vermieden.

Blickdauer

Nicht nur der Blick allein, sondern auch die Dauer ist entscheidend. Ein Blick, der länger als zwei Sekunden anhält und dazu noch vom übrigen Körper Drohsignale anzeigt, könnte Dominanz oder ein Zeichen einer selbstsicheren Drohung sein. Hunde können mit nur einem Blick ausdrücken: „Hau ab!"
Natürlich sieht nicht jeder Hund in einem längeren Augenkontakt direkt eine Bedrohung, wenn er bisher immer gute Erfahrungen mit Menschen gemacht hat und ihnen nicht misstraut. Aber selbst bei diesen Hunden kann man beobachten, dass sie, wenn sie längere Zeit von einem Menschen fixiert werden, dem Blick auszuweichen versuchen. Fixiert ein Hund den Menschen, sollte man auch nicht gleich davon ausgehen, dass er die Weltherrschaft übernehmen möchte, manchmal tut ein Hund dies auch nur aus reinem Interesse, aus Freude, aus gespannter Erwartung, weil wir ihm vielleicht gerade etwas erzählen. Es ist wichtig, den Blick seines Hundes richtig zu deuten, um Missverständnisse vermeiden zu können.

> **Tipp**
>
> **Blickkontakt mit ängstlichen Hunden**
>
> Begegnet man einem ängstlichen Hund, sollte kein direkter Augenkontakt gesucht werden. Im verlängerten Augenkontakt erkennt er eine Drohung und würde noch unsicherer werden. Dies könnte dann zum Angriff des Hundes führen, da er sich in die Enge getrieben fühlt.

Gaia hat Vertrauen zu Martin. Sie hat gelernt, dass der direkte Blickkontakt in dieser entspannten Situation keine Bedrohung darstellt.

Ohren

Die Ohren sind sehr stark an der Mimik beteiligt. Hierbei ist auch der Unterschied von Steh- zu Hängeohren zu beachten. Sie werden allerdings von denselben Muskelgruppen gesteuert.

Ein Hund mit Stehohren hört nicht nur mehr, er kann sie auch deutlicher in der Kommunikation einsetzen. Bei Hunden mit Hängeohren liegt immer noch der obere Teil des Ohrlappens vor dem Innenteil des Ohres, das Tier ist dadurch aber nicht stark benachteiligt, es sieht nur etwas anders aus. Generell kann man allerdings sagen, dass angelegte Ohren Zeichen für Unsicherheit und Beschwichtigung sind. Bei der Jagd und beim schnellen Rennen oder einer Beißerei legt der Hund sie zum Schutz an. Hält der Hund die Ohren aufgestellt nach vorne, zeigt es Aufmerksamkeit, hält er sie hingegen extrem gespitzt, kann es Dominanz und Drohung bedeuten. Ist ein Hund in seiner Drohung unsicher, kann es sein, dass er seine Ohren mal nach außen, mal nach innen richtet, es zeigt dann eine unsichere Drohung.

Amos und Ronja sind beide aufmerksam, wachsam. Die Stehohren bringen diese Stimmungslage jedoch deutlicher zum Ausdruck.

Stirn

Stirnrunzeln ist ein Signal für Aggression oder Unsicherheit, dabei muss die sonstige Körpersprache beachtet werden. Zeigt ein Hund Unterwürfigkeit, zieht er die Stirn hingegen ganz glatt mit den Ohren nach hinten.

Lefzen, Maul und Nasenrücken

Unter den Lefzen verbirgt sich die stärkste Waffe des Hundes, das Gebiss. Die Muskeln der oberen Lefzen sind besonders stark, damit der Hund sie hochziehen, seine Zähne zeigen und den Nasenrücken runzeln kann. Bevor Hunde zubeißen, bedienen sie sich zahlreicher Mimik durch die Lefzen. Nicht ohne Grund bilden die Lippen der Hunde einen meist starken Kontrast zur helleren Umgebung der Schnauze. Die dunkle Farbe der Lippen kontrastiert nicht nur mit dem Fell, sondern auch mit den hellen Zähnen und dem dunklen Maulinnenraum.

Üben von Drohen und Unterwerfung im Welpenspiel. Wichtig für die Entwicklung sozialer und kommunikativer Kompetenz.

In der Regel dient die Kommunikation dazu, einen Ernstkampf zu vermeiden, wo es nur geht. Als Warnung und Vorstufe von starker Aggression zieht der Hund die Lefzen hoch, dabei kann er knurren und die Stirn runzeln. Passend zur Mimik ist natürlich auch die Körpersprache unter Spannung. Reagiert der andere Hund nicht auf diese Drohsignale oder sendet selber welche zurück, kann die Gebärde durch In-die-Luft-Schnappen verstärkt werden. Dadurch soll der Gegner vom Rachen und den Zähnen seines Gegenübers eingeschüchtert werden.

Ist der Hund hingegen unsicher und unterwürfig, zieht er nur seine Maulwinkel nach hinten und zeigt seine Zähne nur dann, wenn die Unsicherheit mit Aggressivität gekoppelt ist.

Zeigt er Sicherheit, ziehen sich die Maulwinkel nach vorne, und auch hier zeigt der Hund nur dann zusätzlich seine Zähne, wenn Aggression mit im Spiel ist. Hierbei bezieht sich das Zähnezeigen aber auch nur auf die vorderen Schneide- und Fangzähne.

Bitte nicht zu viel zumuten!

 Info

Übersprungshandlungen

Ist ein Hund unter starkem Druck oder kommt er mit einer Situation nicht zurecht, zeigt er Ersatzhandlungen, sogenannte Übersprungshandlungen. Hierzu gehören z. B. das Gähnen, sich Kratzen oder Schnuppern und auch das Niesen. Diese Handlungen scheinen ihm dabei zu helfen, seine momentanen Spannungen zu lösen, sich selbst zu beruhigen.

Übersprungshandlungen müssen natürlich immer im Zusammenhang mit der Situation gesehen werden. So ist nicht jedes Gähnen oder Kratzen ein Hinweis auf Stress.

Beschwichtigungsgesten – Signale zur Konfliktvermeidung

Wenn ein Hund beschwichtigt, sendet er vorbeugende Signale aus, die dazu dienen sollen, Konflikten aus dem Weg zu gehen bzw. sie gar nicht erst entstehen zu lassen.

Kopf abwenden

Indem der Hund den Kopf abwendet, möchte er den Blickkontakt vermeiden, weil er sich in der momentanen Situation unwohl fühlt, oder schlicht schon im Vorfeld deeskalieren will. Er kann ihn dabei von einer Seite zur anderen drehen, oder den Kopf für längere Zeit zu einer Seite wegdrehen. Das Verhalten kann mehr oder weniger stark gezeigt werden und ist immer situationsabhängig. Das Kopfabwenden zeigt der Hund z. B. bei der Umarmung durch einen Menschen, der sich bedrohlich über den Hund beugt.
Beim Training von Hunden beobachte ich leider häufig, dass sich Menschen ihrer und der Körpersprache des Hundes nicht bewusst sind. Oft sieht man Menschen, die sich über ihren Hund beugen und ihn zur Belohnung tätscheln oder drücken, obwohl dieser aus Unsicherheit bereits den Kopf abwendet. Aus Hundesicht bedrängt hier der Mensch

Das extreme Beugen über den Hund löst Pföteln als Beschwichtigungsgeste aus. Mona vertraut Alexandra jedoch auch in dieser Situation.

Beschwichtigungsgesten – Signale zur Konfliktvermeidung 119

Beide Hunde sind bei dieser Begegnung nicht sicher. Gaia (links) geht zwar frontal auf Devil zu, hat jedoch die Ohren zurückgelegt und die Rute unten. Devil wendet den Kopf ab, hat die Rute aber erhoben.

statt zu belohnen. Das Kopfabwenden wird auch in der Kommunikation unter Hunden gezeigt. Nähert sich ein Hund imponierend einem anderen, kann dieser durch Kopfabwenden die Situation entspannen und somit konfliktvermeidend tätig sein.

Blick abwenden
In manchen spannungsgeladenen Situationen könnte aber auch schon die kleinste Kopfbewegung zu viel sein und bei einem anderen Hund einen Angriff auslösen. In solchen Momenten beschwichtigen Hunde auch nur mit ihren Augen oder mit ihrem Blick. Anstatt seinem Gegenüber direkt in die Augen zu starren, wendet der Hund seinen Blick ab, lässt ihn vielleicht von links nach rechts wandern oder er beginnt mit den Augenlidern zu zwinkern. Möglich ist auch, dass der Hund seine Augen nur kurz schließt und wieder öffnet oder sie auch nur leicht senkt und seinen Blick dadurch weicher, für den anderen Hund angenehmer macht.

Sich abwenden
Dieses sehr deutliche Signal könnte leicht als ignorantes, „unverschämtes" Verhalten missverstanden werden, da der Hund sich abwendet oder einem gar das ganze Hinterteil zudreht. Hunde reagieren auf diese Weise, wenn ein Hund oder eine Person z. B. aggressiv wirkt oder zu schnell auf sie zugeht. Hierbei macht der Hund häufig einen Rundrücken, ein Zeichen von Unsicherheit.

Hinsetzen
Ist dem Hund die Begegnung mit einem anderen Hund nicht geheuer, kann es sein, dass er sich einfach hinsetzt und ihm manchmal dabei sogar noch den Rücken zuwendet.

Ginala stupst Debby im Maulbereich, was für Welpen absolut typisch ist. Sie zeigt damit ein distanzloses Bettelverhalten.

Das Naselecken ist ein typisches Stresssymptom.

Nase lecken

Das Lecken der Nase geschieht oft so schnell und so versteckt, dass man es als Mensch häufig gar nicht wahrnimmt. Die Hunde zeigen es, wenn sie anderen Hunden begegnen und sie sich ihnen nähern oder wenn sich jemand über den Hund beugt. Das Naselecken ist ein typisches Stresssymptom, das sowohl Vorstufe von aggressivem Verhalten als auch ein Zeichen von Unterwürfigkeit sein kann. Hierzu gilt es wie so oft, die Gesamtsituation zu betrachten.

Erstarren / Einfrieren

Durch das Erstarren versuchen Hunde, wie mit allen Beschwichtigungsgesten, keinen Konflikt heraufzubeschwören. Dieses typische Einfrieren in einer Bewegung oder in sitzender, liegender, stehender Position wird von den Hunden so lange eingehalten, bis sich die Situation für sie entschärft hat. Es darf nicht mit dem starren, steifbeinigen Verhalten des offensiv drohenden Hundes verwechselt werden! Hier hat der Hund eine völlig andere Körperhaltung, mehr aufrecht und selbstsicher.

Wedeln
In vielen ängstlichen, unsicheren, aggressiven oder gestressten Momenten wedelt der Hund unterwürfig mit gesenkter Rute. Das Wedeln der Rutenspitze zeigt die Erregung des Hundes in diesem Moment.

Beschwichtigungsbogen
Hätten Hunde die Wahl, würden sie es häufig vermeiden, frontal aufeinander zuzugehen, denn frontale Begegnungen bedeuten in aller Regel Provokation. Zu beobachten ist dies normalerweise nur, wenn sich die

Mona geht mit angelegten Ohren und leicht geduckter Körperhaltung beschwichtigend auf die Fotografin zu.

Tiere gut kennen oder anhand von zuvor gezeigten Beschwichtigungsgesten Vertrauen gewonnen haben. Ansonsten schlagen sie aber immer einen mehr oder weniger großen Bogen, um sich dann seitlich näher zu kommen. Aus diesem Grund ist es für viele Hunde stressig, wenn sie an der Leine vom Menschen frontal auf einen anderen Hund zugeführt werden. Sie werden praktisch in eine Konfrontation gezwungen, der sie sich normalerweise gar nicht stellen würden. Daher sollte man auf einem Spaziergang an manchen Hunden in einem Bogen vorbeigehen.

Pfote anheben
In vielen ängstlichen, unsicheren oder gestressten Momenten hebt der Hund unterwürfig die Pfote, um sich selbst zu beruhigen oder andere zu beschwichtigen.

Hunde besser verstehen lernen

Bogenlaufen

Das „Bogenlaufen" gehört zu den Beruhigungssignalen des Hundes. Dieses Signal zeigen ranghöhere Hunde, wenn sie rangniedrigeren Hunden entgegenkommen. Sie laufen dabei nicht frontal auf den anderen Hund zu, sondern in einem leichten Bogen. Damit signalisieren sie dem anderen Hund, dass von ihnen keine Gefahr ausgeht und der Entgegenkommende sich entspannen kann.

Daher sollte man auch auf einem Spaziergang mit seinem angeleinten Hund dieses Signal einsetzen, um eine Begegnung mit einem anderen Hund entspannt zu gestalten. Ein Hund, der an der Leine ist, kann ja nicht so kommunizieren, wie er es frei laufend tun würde. In einem solchen Fall ist also der Mensch dafür verantwortlich, die Begegnung für beide Parteien stressfrei zu gestalten. Dazu braucht der Mensch lediglich einen leichten Bogen einzuschlagen und dem entgegenkommenden Mensch-Hund-Team auszuweichen. Dieses Signal zeigt dem anderen Hund, dass hier keine Gefahr droht, er kann sich entspannen. Aus Sicht des eigenen Hundes handelt der Mensch vernünftig, dieses Verhalten stärkt damit die Mensch-Hund-Beziehung und fördert das Vertrauen in den Menschen.

Seite wechseln lassen

Neben dem Bogenlaufen gibt es noch weitere Möglichkeiten, seinem Hund eine Begegnung mit Artgenossen an der Leine zu erleichtern. Viele Menschen führen ihren Hund immer an der gleichen Seite, zumeist an der linken. Ein Hund wurde früher immer an der linken Seite geführt, da er so seinen Menschen besser auf der Jagd begleiten konnte. Denn die meisten Menschen sind Rechtshänder und so halten viele Jäger die Waffe rechts. Der auf der linken Seite laufende Hund behindert daher den Jäger nicht, noch gefährdet er sich selbst.

In der heutigen Zeit spricht aber nichts dagegen, den Hund sowohl links als auch rechts zu führen. Der Hund kann lernen, auf ein Signal des Menschen wie z. B. „Rechts" oder „Links" die entsprechende Seite aufzusuchen und dort an lockerer Leine zu laufen. Dazu lockt man den Hund z. B. mit Hilfe eines Leckerchens an die entsprechende Seite und gibt dann das jeweilige Signal. Nach einiger Zeit hat der Hund gelernt, auf dieses Signal hin die richtige Seite einzunehmen. Begegnet man auf

dem Spaziergang nun einem anderen Hund, kann man diese Begegnung entspannen, indem man den eigenen Hund auf der dem entgegenkommenden Hund entgegengesetzten Seite laufen lässt. Dadurch wirkt der Mensch als Puffer zwischen dem eigenen und dem fremden Hund.

Zusammen Hindernisse überwinden

Eine gute Bindung ist das A und O in der Mensch-Hund-Beziehung, aber wie kann man diese erreichen? Neben vertrauensbildenden Maßnahmen wie dem aus Hundesicht richtigen Agieren bei Begegnungen mit anderen Hunden oder fremden Menschen ist vor allem eines wichtig: Das positive Erleben gemeinsamer Aktionen. Dies beginnt z. B. mit einfachen Futter-Such-Spielen während eines Spazierganges. Denn ein Hund geht nicht einfach nur so spazieren und genießt dabei die schöne Natur. Für ihn ist ein Spaziergang immer ein Jagdausflug, auf dem es gilt, spannende Dinge zu erleben. Und wenn er diese zusammen mit seinem Menschen erlebt, fördert das die Mensch-Hund-Beziehung. Der Mensch sollte daher einen Spaziergang abwechslungsreich gestalten und immer wieder spannende Aktionen für den Hund mit einbauen. So können Spuren, die vorher gelegt wurden, verfolgt werden. Oder aber der Mensch begibt sich zusammen mit seinem Hund auf die Suche nach einem Gegenstand, der vorher versteckt wurde. Man kann aber auch einfach örtliche Gegebenheiten für gemeinsame Aktionen nutzen, die sich auf dem Spazierweg befinden. Vielleicht liegt ja ein dicker Baumstamm neben dem Weg, über den man einmal gemeinsam klettern kann. Ein dichtes Gebüsch lädt ein, sich einen Weg mitten hindurch zu suchen. Eine große Wiese wird der Schauplatz eines Wettrennens von Mensch und Hund. Möglichkeiten gibt es immer und überall, man muss sich nur umschauen! Und gerade wenn der Hund sich einmal nicht traut, ein Hindernis zu überwinden, kann der Mensch diese Situation nutzen, um gemeinsam Erfolge zu erleben. So zögert der Hund vielleicht vor einer Holzbrücke im Wald und bleibt plötzlich zurück. In einer solchen Situation sollte der Mensch einfach zu seinem Hund zurückgehen, um sie dann gemeinsam mit ihm zu meistern. Denn zusammen mit einem Menschen, mit dem man bereits so viele positive Dinge erlebt hat und auf den man sich in allen anderen Situationen verlassen konnte, fällt auch die Überwindung eines beängstigenden Hindernisses viel leichter!

Körperkontakt und was er für Hunde bedeutet

Fellberührungen – warum Menschen Hunde so gern streicheln

Taktile Kommunikation findet auch bei Hunden statt, sie nutzen die Berührung zur Unterstützung von Signalen. Taktile Reize sind für den Hund besonders wichtig beim Spiel oder der Paarung. Der taktile Reiz findet in der Kommunikation der Hunde erst statt, nachdem alle zuvor genannten Kommunikationsformen vorgeschaltet wurden.

Der Mensch hat selbst ein starkes Bedürfnis, Hunde immer wieder zu streicheln und anzufassen. Das weiche Fell und vor allem unsere starke emotionale Bindung zum Hund zwingt uns förmlich dazu. Hündinnen berühren ihre Welpen auch bei der Aufzucht. Der Hund, der mit dem Menschen lebt, wird und sollte immer kindlich gehalten werden. Hiermit ist nicht gemeint, dass Ihr Hund keine ausgereifte Persönlichkeit werden darf, sondern dass er Sie im Idealfall als höhergestellten Sozialpartner wahrnimmt. Sieht der Hund den Menschen sein ganzes Leben lang als höhergestellten Sozialpartner an, ist der Mensch sozusagen berechtigt, den Hund zu streicheln.

Streicheln nicht Klopfen

Streicheln ist hierbei allerdings nicht mit Klopfen zu verwechseln, es ist eine sanfte Form der Berührung! Der Hund sieht dieses vom Menschen lobend gemeinte Klopfen nicht als Belohnung, sondern empfindet dies als unangenehm und im schlimmsten Fall sogar als Maßregelung wie

Vertraut der Hund seinem Menschen, kann er auch Berührungen am Kopf und direkten Blickkontakt genießen.

So sollte eine Begrüßung aussehen: Zuerst begrüßen sich die Menschen, danach darf der Hund an der Hand schnüffeln und Kontakt aufnehmen.

das heftige Tätscheln auf den Kopf. In der Kommunikation unter Hunden kommen diese Formen der Berührung höchstens als ein Stupsen vor. Von oben kommende Berührungen bedeuten in der Hundesprache immer eine Bedrohung und können dann missverstanden werden. Besonders gern hat der Hund es, wenn er vom Menschen, wie von der Mutterhündin, an pflegenden Stellen gestreichelt wird. Dazu gehören z. B. das Kinn, die Ohren, der Bauch und der hintere Rücken. Die Welpen werden von der Mutter auf den Rücken gedreht, damit sie ihnen den Bauch zur Verdauungsstimulation lecken kann. Genauso pflegt sie den unteren Kopf- und Pobereich.

Streicheln fremder Hunde

Das Berühren fremder Hunde kann mit Vorsicht zu genießen sein. Nicht jeder Hund lässt sich gerne von Fremden anfassen. Bei gut auf Menschen sozialisierten Hunden ist dies in aller Regel kein Problem. Jedoch gibt es genügend Hunde, die sich hierdurch bedrängt bzw. belästigt fühlen. Viele Menschen gehen frontal auf einen fremden Hund zu und lassen sich nicht mal von ihm beschnuppern, bevor sie ihn anfassen. Aus erzieherischer Sicht sollte man erst den Menschen begrüßen, damit für den Hund klar wird, dass er nicht im Mittelpunkt steht.

Stoßen, Drängeln, Stupsen – Hunde sind nicht immer zimperlich

Kopf oder Pfote auflegen

Legt ein Hund einem anderen Hund den Kopf auf, handelt es sich um eine massive Einschränkung der Bewegungsfreiheit. Wenn der Hund bei einem Menschen den Kopf auflegt, bedeutet dies nichts anderes. Daher sollte man versuchen, ihm die Situation unbequem zu machen oder den Kontakt unterbrechen und sich mit etwas anderem beschäftigen. Legt der Hund den Kopf z. B. auf das Knie, könnte man mit dem Bein wippen. Löst der Hund diesen Kontakt nicht, sondern fixiert noch zusätzlich und geht sogar mit dem Kopf mit, ist es ein Zeichen von starker Respektlosigkeit. Dann sollte man die Situation unterbrechen, z. B. indem man aufsteht, um in einen anderen Raum zu gehen. Bekommt ein Hund die Pfote eines anderen Hundes aufgelegt, versteht er diese Geste als dominante Aufforderung. Der andere Hund schränkt ihn in seiner Bewegungsfähigkeit ein. Diese Geste kann der Hund abgewandelt auch beim Menschen zeigen, indem er eine Pfote auf den Fuß des Menschen stellt. Auch diese Geste sollte der Mensch nicht zulassen, sondern die Situation so verändern, dass der Hund die Pfote herunternehmen muss. Die hier beschriebenen Gesten beziehen sich auf Hunde, die stehen oder sitzen und sind nicht mit dem Kontaktliegen (siehe S. 132) zu verwechseln.

Eingrenzende Spielaufforderung seitens Mona, mit anschließendem Nackenstoß.

Geste beim Menschen

Das Kopf- oder Pfoteauflegen kann der Hund z. B. dann zeigen, wenn der Mensch mit seinem Hund in einem Restaurant oder in einer fremden Umgebung ist. Der Hund legt sich demonstrativ beschützend vor den Menschen und legt eine Pfote oder seinen Kopf auf dessen Fuß.

Martin hat etwas in der Hand, das Gaia unbedingt haben möchte. Sie stupst auffordernd an die Hand. Jetzt auf keinen Fall nachgeben und die Hand öffnen!

Eine weitere Situation, in der Pfoteauflegen gezeigt werden kann, ist z. B. beim Leinenführigkeitstraining. Der Hund setzt sich dabei neben den Menschen und lehnt sich mit seinem Gewicht an ihn. Dabei stellt er eine Pfote wie „zufällig" auf den Fuß des Menschen. In aller Regel sind dies Gesten, die der Hund dadurch gelernt hat, in dem der Mensch dieses „ach so süße" Verhalten durch Streicheln belohnt hat.

Anstupsen

Stupst der Hund mit seiner Schnauze stoßweise in das Fell des anderen Hundes, provoziert er ihn. Dies zeigt sich häufig bei Hunden, die im nächsten Augenblick versuchen werden, einen anderen Hund zu besteigen. Dieses Verhalten kultivieren viele Hunde ihren Menschen gegenüber in ganz anderem Kontext. Man kann nämlich sehr häufig beobachten, wenn der Mensch beim Training Futterstücke in der Hand hält und der Hund dann fordernd mit seiner Schnauze an die Hand stupst, um endlich an das Futter zu kommen. Dieses Verhalten sollte man auf gar keinen Fall belohnen, indem man dem Hund in diesem Moment ein Futterstück anbietet. Man sollte das Verhalten ignorieren oder bei einem sehr aufdringlichen Hund sogar korrigieren, indem man den Hund in diesem Moment leicht mit der Hand vor die Schnauze stupst.

Nackenstoß

Der Hund stupst mit der leicht geöffneten Schnauze in den Nackenbereich des anderen Hundes. Es ist eine kurze stoßende Bewegung, keine schiebende, drückende! Der Nackenstoß wird z. B. von der Mutter zur Korrektur der Welpen eingesetzt.

Deutliches Anrempeln von Mona in Richtung Ronja.

Der Stoß kann leicht angedeutet sein, es kann dabei aber auch leicht gezwickt werden. Der Nackenstoß kann auch vom Menschen als Korrekturmöglichkeit beim Hund eingesetzt werden, erfordert aber sehr präzises Timing und sollte nur unter Anleitung eines Profis geübt werden.

Anrempeln und Drängeln

Springt ein Hund mit der Brust gegen die Brust eines anderen oder rennt sogar hinein, ist dies eine Art Anpöbeln.

Versucht der Hund einen Menschen anzurempeln oder drängelt, sollte dieser sich ihm daher überlegen zeigen. Er sollte nicht ausweichen oder sich wegdrehen. Dadurch würde der Hund seinen Willen bekommen und immer wieder so distanzlos reagieren. Kommt der Hund frontal auf einen Menschen zu, kann man z. B. im letzten Moment einen ruhigen Schritt auf den Hund zugehen. Hiermit rechnet der Hund nicht und durch den verfrühten Aufprall wird er verunsichert. Der Mensch setzt dabei seinen Weg unbeirrt fort. Kommt der Hund seitlich oder von hinten auf den Menschen zu, kann der Mensch den Hund mit einem seitlichen Hüftschwung oder mit dem Knie leicht anrempeln, bevor der Hund seine Aktion ausgeführt hat.

Ronja (links) und Gaia rempeln sich gegenseitig an. Doch Ronja ist geschickter, auch älter und erfahrener, und kann Gaia in ihre Schranken weisen.

Die Korrektur des Menschen sollte auf keinen Fall dazu führen, dass es zu einem Wettstreit zwischen Hund und Mensch kommt. Der Hund muss durch die Korrektur beeindruckt sein und seine Attacke abbrechen. Es soll kein Dominanzgerangel entstehen, sondern durch gezieltes Korrigieren Verhalten beeinflusst werden.

Aufreiten

Ein an Hunden, Menschen oder Gegenständen aufreitender Hund zeigt Dominanz- oder Sexualverhalten. Hierbei springt der Hund hoch, klammert sich mit den Vorderbeinen fest um den anderen Hund, um die

Person oder den Gegenstand und schiebt sein Becken nach vorne und hinten. Wenn der Hund auf Spielzeug oder einer Decke aufreitet, sollte man ihm solche Gegenstände nicht zur freien Verfügung lassen. Zeigt er dieses Verhalten, nimmt man ihm den jeweiligen Gegenstand weg. Wenn der Hund auf Besuchern aufreitet, sollte man ihm das verbieten und ihn während dieser Zeit ablegen. Nicht der Besucher sollte den Hund korrigieren, denn dieser spielt dem Hund gegenüber ja keine Rolle im Sozialverband. Wenn der Hund auf den Kindern der Familie aufreitet, sollte man ihn direkt z. B. über einen Nackenstoß korrigieren. Auf gar keinen Fall dürfen die Kinder den Hund korrigieren, da sie im Rudel niemals eine ranghöhere Position als der Hund einnehmen können. Die ist Aufgabe der Eltern!

Aufreiten auf anderen Hunden
Auch das Aufreiten auf anderen Hunden sollte man nur in dem Fall zulassen, indem es gewünschtes Sexualverhalten ist, das heißt, wenn der Rüde die läufige Hündin decken soll. Und dann auch nur, wenn beide Hunde dazu bereit sind. Es gibt nämlich auch Fälle, in denen eine deckbereite Hündin, aus welchen Gründen auch immer, einen Rüden

Ronja und Gaia spielen miteinander. Die Mäuler sind weit aufgerissen, eine Beißhemmung deutlich erkennbar. Ronja dreht den Kopf zur Seite, um etwas Tempo herauszunehmen.

ablehnt und nicht aufreiten lässt. Dies sollte der Züchter in jedem Fall akzeptieren. Reitet ein sexuell aktiver Hund auf einer kastrierten Hündin auf, darf man dieses Verhalten nicht zulassen.
Zum einen soll die Hündin nicht lernen, dass sie sich mit Aggression diese unerwünschten Belästigungen vom Hals halten kann, zum anderen soll der Rüde nicht noch weiter seine Erregung steigern.
Einen Rüden, der z. B. auf einen anderen Rüden aufreitet, sollte man ebenfalls immer daran hindern. Auch wenn dies nicht aus sexuellem Antrieb, sondern aus dominantem Verhalten entsteht, kann dies Aggressionen der beiden Hunde herausfordern.

Hunde suchen die Nähe von Menschen, denen sie vertrauen.

Kontaktaufnahme – Vertrauen schafft Nähe

Körperpflege

Hunde lecken aus zwei Gründen. Lecken sie schnell, ist es meist ein beschwichtigendes Futterlecken, lecken sie hingegen langsam und ausdauernd, dient es partnerschaftlichem oder parentalem Pflegeverhalten. Hunde lecken allerdings ganz banal auch gerne am Menschen, um Creme oder Schweiß aufzunehmen.

Der Mensch sollte sich jedoch von seinem Hund nicht „pflegen" lassen, er hat die pflegende Position inne! In diesem Fall sollte der Mensch den Hund daher nicht ignorieren, da dieser sonst ja genüsslich weiterlecken würde. Hier bietet es sich an, den Hund ohne große Anspannung auf seinen Platz zu schicken. Würde der Mensch sich jetzt aufregen und den Hund verärgert wegschicken, würde er dem Verhalten des Hundes viel zu große Bedeutung beimessen. Damit würde er ihm zeigen, dass er auch nicht wirklich entspannt und souverän ist!

Kontaktliegen

Ist der erwachsene Hund immer wieder darauf bedacht, so nah wie möglich am Menschen oder an einem anderen Hund zu liegen, kann dies zum einen stark kontrollierendes Verhalten sein. Dadurch, dass er immer Körperkontakt hält, will er ständige Kontrolle über die Bewegungen des anderen haben. Er möchte vermeiden, dass sich der andere Hund oder die Person ohne sein Wissen entfernt. Hündinnen tun dies auch mit ihren Welpen, damit sie bemerken, wenn sich eines entfernt.

Zum anderen gibt es Kontaktliegen auch als partnerschaftliches Verhalten. Hier ist dann nicht die Kontrolle über den anderen die Motivation, sondern das Zeigen eines Zusammengehörigkeitsgefühls.
Ein gemeinsames Kuscheln auf dem Boden mit dem Hund stärkt auch beim Mensch-Hund-Rudel den Zusammenhalt. Wichtiges Unterscheidungsmerkmal zum kontrollierenden Kontaktliegen ist hierbei, dass partnerschaftliches Kontaktliegen immer freiwillig erfolgt und immer entspanntes Verhalten beider Partner voraussetzt!

Der Hund auf der Couch

In Hundekreisen heiß diskutiert: Darf der Hund aufs Sofa oder sogar mit ins Bett? Hier kommt es natürlich auf die jeweilige Mensch-Hund-Beziehung an. Im Grunde spricht nichts dagegen, dem Hund auch erhöhte Liegeplätze zu gestatten, wenn einige Voraussetzungen gegeben sind. Stimmt die Beziehung, wird der Hund dadurch nicht gleich die Weltherrschaft übernehmen. Doch sollte der Hund jederzeit den Platz räumen, wenn man es von ihm verlangt. Noch besser: Er geht nur aufs Sofa, wenn man es ihm erlaubt. Denn dadurch ist gewährleistet, dass er beim Besuch bei Tante Trude nicht ebenfalls das gute Stück in Beschlag nimmt. Irgendwo hört die Gastfreundschaft auch einmal auf. Auch in Ferienwohnungen oder Hotels dürfen Hunde weder aufs Sofa noch ins Bett. Deshalb sollte man sich vorher ein paar Gedanken machen, was man seinem Hund erlaubt und was nicht – besonders, wenn man gerne zu Freunden oder auf Reisen geht.

Ginala sucht Schutz bei Debby. Durch den Körperkontakt findet sie Sicherheit.

Mensch und Hund – eine jahrtausendealte Verbindung.

AUS DER PRAXIS

Vertrauen aufbauen

Pflegemaßnahmen

In den ersten Wochen seines Lebens ist ein Welpe ohne die Hilfe der Mutterhündin nicht überlebensfähig. Erst dadurch, dass sie mit ihrer Zunge über seinen Bauch leckt, wird die Darmtätigkeit des Welpen angeregt, so dass er koten und urinieren kann. Diese Ausscheidungen werden in dieser Zeit von Mama aufgeleckt, so dass die Wurfhöhle sauber bleibt. Aber auch später noch nimmt sich Mama immer wieder einmal einen der Welpen vor, er wird dann ausgiebig geputzt und abgeschleckt. Dazu dreht die Mutterhündin den Welpen in der Regel auf den Rücken, er muss ganz stillhalten.
Kommt der Welpe mit 8 Wochen ins neue Zuhause, ist es Aufgabe des Halters, die Erziehung fortzusetzen. Und dazu gehören auch Pflegemaßnahmen wie z. B. das Bürsten oder das Kontrollieren der Pfoten. Da die Mutterhündin natürlich keine Bürste benutzt, muss man den Welpen in kleinen Schritten an die neuen Utensilien gewöhnen. Ein paar Striche mit der Bürste über das Fell, gefolgt von einigen Streicheleinheiten machen den Vorgang des Bürstens für den Hund angenehm. Auch wenn der später langhaarige Hund als Welpe noch ein Fell hat, das gar nicht gebürstet werden braucht, sollte man ihn jetzt daran gewöhnen. Denn noch kann das Fell sich nicht verknoten, es kann nicht zu unangenehmen Reizen beim Bürsten kommen. Zu den Pflegemaßnahmen gehört z. B. auch das Säubern der Ohren, die Zahnkontrolle oder das Krallenschneiden. Der Welpe lernt in dieser Zeit, seinem Menschen zu vertrauen, und alle Maßnahmen geduldig über sich ergehen zu lassen.

Kuschelstunde

Eine gemeinsame Kuschelstunde mit dem Hund ist für viele Menschen der schönste Aspekt der Hundehaltung. Und auch der Hund genießt diese Art der Zuwendung in der Regel sehr. Für Hunde ist der Austausch von Zärtlichkeiten in einer Beziehung wichtig. Dies kann man immer wieder beobachten, wenn zwei Hunde in einer Familie leben, die sich mögen. Da schleckt der eine Hund dem anderen die Ohren aus, während der andere dem Partner mit den Zähnen das Fell durchwühlt. Dies sieht zwar für uns Menschen nicht unbedingt zärtlich aus, ist aber für die Hunde ein absoluter Genuss. Der Mensch kann dieses Verhalten nachahmen, indem er mit der Hand so richtig fest durch das Fell krault.

Dabei finden Hunde dies besonders an Stellen wie der Kruppe oder dem Hals-Nacken-Bereich sehr angenehm. Durch ein solches Verhalten lernt der Hund, sich bei seinem Menschen zu entspannen und vollkommen wohl zu fühlen, es stärkt die Mensch-Hund-Beziehung.

Zerrspiele ja, aber mit ein paar Regeln
Ein Zerrspiel ist im Grunde genommen nichts anderes als ein Streit um eine Beute. Daher muss man einige Regeln beachten, wenn man mit seinem Hund diese Art von Spiel durchführt. Als erstes muss der Hund lernen, einen Gegenstand auf ein Signal des Menschen wieder herauszugeben. Denn nur so kann der Mensch auch bei einem Zerrspiel entscheiden, ob der Hund die Beute erringen darf, oder ob er das Spiel beendet und die Beute für sich behält. Der Mensch muss also nicht immer ein Zerrspiel gewinnen, er entscheidet jedoch jedes Mal, wer gewinnt! Das Training für das Signal „Aus" beginnt man zunächst einmal in einer entspannten Situation. Denn bei einem Zerrspiel kommen schnell Emotionen auf, der Hund ist angespannt und wird hier nicht für ein neues Signal empfänglich sein. Der Mensch gibt seinem Hund nun eine Beute. Diese Beute sollte ihn zwar interessieren, sie sollte aber nicht das absolute Highlight für ihn darstellen. Nachdem der Hund sich nun eine Zeitlang mit der Beute beschäftigt hat, nimmt der Mensch eine andere spannende Beute, oder aber ein besonders gutes Leckerchen in die Hand und bietet dieses dem Hund an. In dem Augenblick, in dem der Hund nach dem Tauschobjekt greift und dabei die bisherige Beute auslässt, nimmt der Mensch die Beute in die Hand und gibt dem Hund gleichzeitig das Signal „Aus". Der Hund bekommt dann sofort das Tauschobjekt zur Belohnung. Hat der Hund das Signal „Aus" gelernt, kann man es auch bei Zerrspielen einsetzen. Nach einem kurzen Zerrspiel macht der Mensch eine Pause und beendet das Zerrspiel mit dem Signal „Aus". Dabei bedeutet „Aus" nicht, dass das Spiel jetzt für immer beendet ist. Es kann auch danach direkt wieder losgehen.
Hunde, die bei einem Beutestreit zu aggressivem Verhalten neigen, indem sie z. B. den Menschen in den Arm zwicken, sollte man allerdings nicht mit Zerrspielen beschäftigen. Denn dadurch würde dieses Verhalten weiter verstärkt, der Hund fährt dabei so hoch, dass er schnell einmal eine Grenze überschreitet.

> **Info**
>
> **Beißhemmung**
>
> Möglich ist sanftes Verhalten nur dann, wenn die Hunde in ihrem bisherigen Leben die Möglichkeit hatten, ihre Beißhemmung zu trainieren. Von Natur aus sind Hunde in der Lage, mit ihren Kiefern Knochen zu zerkauen, zu reißen, zu verletzen und auch zu töten. Da der Hund aber sozial in einem Rudel lebt, müssen die Rudelmitglieder versuchen, so gut es geht miteinander auszukommen, ohne sich mit ihren Waffen ständig schwere Verletzungen zuzufügen. Trainiert wird dies bereits bei Welpen, die mit ihren kleinen spitzen Zähnen sehr schmerzhaft zubeißen können. „Hunde sind nicht mit einem weichen Fang geboren, aber in der Lage, die Fähigkeit des weichen Beißens zu entwickeln, soweit die Bedingungen hierfür stimmen." (Donaldson 2000). Untereinander beißen und zwicken sich die Welpen ständig spielerisch und lernen so, was geschieht, wenn sie zubeißen bzw. wenn sie zu fest zubeißen. Ihre Wurfgeschwister geben ihnen direkte Rückmeldung über ihr Verhalten. War der Biss wenig schmerzhaft, spielen sie vielleicht weiter oder quieken kurz auf, war der Biss schmerzhaft, werden sie fiepen, bis der Schmerzreiz erlischt, oder das Spiel sofort beenden. Auf diese Weise lernt der Hund seine Kräfte einzuschätzen und herrliche Spiele mit seinen Artgenossen nicht so schnell enden zu lassen. Beißt er weiterhin zu fest zu, wird keiner mehr mit ihm spielen wollen. Oder der Gebissene beißt noch fester zurück (siehe auch S. 138).

Allogrooming

Es wird häufig von befreundeten Hunden oder von der Mutter gegenüber ihren Welpen gezeigt. Hierbei wird die gegenseitige Bindung bestätigt und stabilisiert. Zu beobachten ist dies meist nur in entspannten Situationen. Für Menschen mag dieses Verhalten nicht so zärtlich aussehen, wie es unter den Hunden gemeint ist.

Sie fassen und beknabbern sich gegenseitig mit den Zähnen. Besonders bei Erwachsenen spielt der Kopf-, Hals- und Schulterbereich eine wichtige Rolle. Dabei ist auch zu beobachten, wie der eine Hund die Schnauze, den Kopf oder den Nacken des anderen vorsichtig mit seiner geöffneten Schnauze umschließt. Häufig liegen die beiden Hunde dabei auch völlig entspannt nebeneinander (vgl. Schöning 2001). Das weit geöffnete Maul symbolisiert hier auch die Beißhemmung, sodass allen Beteiligten klar ist, dass keine ernste Aggression im Spiel ist.

Auch wir Menschen können durch Kuscheln, Kontaktliegen und Kraulen die Beziehung zu unserem Hund fördern. Hunde lernen dadurch vorsichtig mit uns umzugehen, merken schnell, dass unsere Haut viel empfindlicher ist als das Fell, und dass sie mit ihren Krallen und Zähnen besonnener umgehen müssen. Sie lernen aber auch, dass es nicht schlimm ist, wenn wir uns einmal über sie beugen, sie in den Arm nehmen oder direkt anschauen. Nähe schafft Vertrauen und Vertrauen ist die Basis einer guten Mensch-Hund-Beziehung.

Schmusen, Kuscheln, auf den Arm nehmen ist gerade bei Welpen sehr wichtig und schafft vertrauen.

Nicole und Ronja – beide genießen das Kontaktliegen sichtlich.

Schnauzenzärtlichkeiten zwischen Debby und Ginala.

AUS DER PRAXIS

Beißhemmung

Früh übt sich

Kommt der Welpe mit acht Wochen vom Züchter zu seinem neuen Halter, hat er durch den Umgang mit seinen Geschwistern bereits gelernt, dass man nicht unbegrenzt fest zubeißen darf. Denn die Geschwister haben dann das Spiel einfach beendet oder aber selbst zurückgebissen. Nun muss der Welpe noch lernen, dass man mit Menschen vorsichtiger umgehen muss, als mit Artgenossen. Denn wenn der Welpe das Geschwisterchen im Fell packt, passiert diesem dabei in der Regel nichts. Die Menschenhaut wäre bei einem solchen „Spiel" durch die spitzen scharfen Zähne des Welpen aber bereits stark verletzt!
Hier ist es nun Aufgabe des neuen Halters, dem Welpen die Beißhemmung gegenüber dem Menschen beizubringen. Dazu eignen sich Kuschel- und Tobespiele auf dem Boden. Der Mensch beginnt, den Welpen zu streicheln und mit der Hand durch sein Fell zu kraulen. Reagiert der Welpe darauf nun mit dem Einsatz seiner Zähne und nimmt die Hand des Menschen ins Maul, um darauf herumzubeißen, gibt es zwei Möglichkeiten, zu reagieren. Der Mensch kann in diesem Augenblick einfach sofort aufstehen und das schöne Spiel ohne Kommentar beenden. Der Welpe sollte dann noch einige Zeit ignoriert werden, bevor er erneut die Möglichkeit zum Sozialkontakt bekommt. Der Mensch kann zudem beim Aufstehen einen Schmerzschrei ausstoßen, diesen kennt der Welpe bereits von seinen Geschwistern.
Manche Welpen lernen aber allein durch Ignoranz nicht, wo ihre Grenzen sind. In einem solchen Fall muss der Mensch dem Hund durch eine artgerechte Korrektur zeigen, dass er mit diesem Verhalten nicht einverstanden ist. Hierzu bietet sich z. B. der Schnauzgriff an, den bereits die Mutterhündin als Korrekturmaßnahme angewendet hat, wenn ein Welpe es übertrieben hat. Sie greift dazu einmal fest mit der Schnauze über den Fang des Welpen. Dabei knurrt sie, damit der Welpe lernt, beim nächsten Mal bereits auf das Knurren sein Verhalten einzustellen. Der Mensch kann die Korrektur nun mit seiner Hand nachahmen, er greift einmal fest über den Fang. Dabei spricht er ein Signalwort aus, wie z. B. das Wort „Tabu", damit der Welpe lernt, in Zukunft bereits auf dieses Signal hin die unerwünschte Handlung einzustellen. Bei dieser Korrektur braucht man übrigens keine Angst zu haben, dass der Welpe

dadurch handscheu wird. Denn die Hand wird ja, genauso wie die Schnauze der Mutter, nicht nur zur Korrektur, sondern auch zu angenehmen Streicheleinheiten eingesetzt.

Leckerchen vorsichtig nehmen

Viele Hunde können ihre Erregung in Erwartung auf das Leckerchen in der Hand des Menschen kaum noch zügeln und schnappen heftig danach. Dabei kommt es schnell einmal zu einem Ratscher.
Der Hund sollte also von klein auf lernen, dass er sich beherrschen muss, wenn der Mensch ihm ein Leckerchen aus der Hand anbietet. Dazu nimmt man einen größeren Futterbrocken in die Hand und lässt den Hund daran schnüffeln. Das Leckerchen ist dabei vollständig in der Hand verborgen, so dass der Hund nicht darankommt. Nun wartet man solange, bis der Hund ein ruhiges und abwartendes Verhalten zeigt. In diesem Augenblick öffnet sich die Hand und der Hund darf das Leckerchen herausnehmen. Parallel dazu kann man noch ein Signal wie z. B. das Wort „Nimm" einführen, so dass der Hund mit der Zeit lernt, erst auf dieses Signal hin das Leckerchen zu nehmen.
Gehört Ihr Hund zu den stark verfressenen Typen, kann es sein, dass er anfangs überhaupt nicht zur Ruhe kommt. Er versucht ohne Unterbrechung an das Leckerchen in der Hand zu gelangen. Viele Hunde werden dann auch körperlich, sie versuchen die Hand durch Kratzen mit der Pfote oder leichtes Beißen mit den Zähnen zu öffnen. Dieses Verhalten ist nicht nur respektlos, es tut meistens auch richtig weh! In einem solchen Fall sollte der Mensch den Hund daher wieder an seine Grenzen erinnern. Er stupst nun den Hund einfach mit der geschlossenen Hand kurz vor das Maul. Dazu ist keine große Kraft nötig, es reicht, den Hund einen kurzen Augenblick durch ein unerwartetes Verhalten aus dem Konzept zu bringen. Hat er bereits ein Abbruchsignal wie das Signal „Tabu" erlernt, gibt der Mensch dieses Signal parallel zur Korrektur. In dem Augenblick, in dem der Hund sich überrascht zurückzieht und ruhig abwartet, öffnet sich nun wieder die Hand und der Hund darf die begehrte Belohnung herausnehmen. Zeigt ein Hund jedoch futteraggressives Verhalten, ist Vorsicht geboten. Hier muss zunächst einmal die Ursache für das Verhalten herausgefunden werden, und man sollte sich in jedem Fall professionelle Hilfe holen.

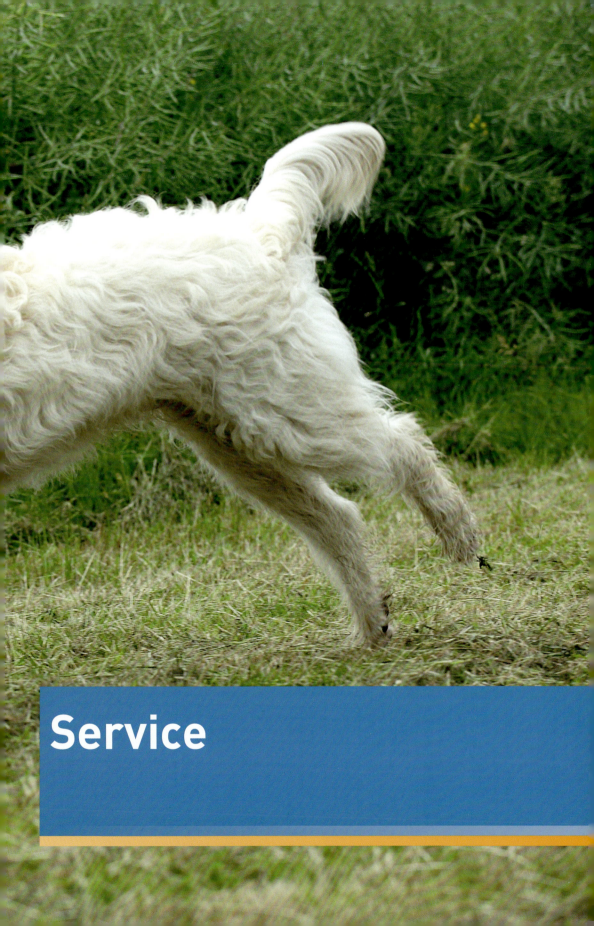

Service

Kleines Sprachlexikon

adult: englisch: erwachsen

Aggression: Als Aggression (lat. aggredi: herangehen, angreifen) wird feindseliges Verhalten bezeichnet, das die eigenen Interessen unter Verletzung der Interessen des Gegenübers durchzusetzen versucht.

Aktive Unterwerfung: Die aktive Unterwerfung geht vom schwächeren Tier aus. Der Rangniedere geht auf den dominanten Hund zu und versucht diesen aktiv zu besänftigen, indem er z. B. dem dominanten Hund an den Mundwinkeln leckt oder beschwichtigend die Pfote erhebt.

Allogrooming: Einander bekannte, befreundete Hunde zeigen zärtliche Schnauzengriffe sowie gegenseitiges Beknabbern. Sie bestätigen und stärken damit ihre starke Bindung.

Appetenz: Als Appentenzverhalten gelten Such- und Orientierungsverhalten.

auditiv: hörbar

Axon: Leitet Informationen von einer Nervenzelle zur anderen.

Begleithundeprüfung: Prüfung für Hunde ab 15 Monaten. Die Begleithundeprüfung besteht aus drei Teilen, der Verhaltensüberprüfung, dem Aufgabenteil auf einem eingezäunten Gelände und dem Verkehrsteil in der Stadt. Bei der Verhaltensüberprüfung soll der Hund kein aggressives Verhalten gegenüber Menschen und Artgenossen zeigen. Im Aufgabenteil werden Übungen wie Leinenführigkeit, Freifolge, Absitzen und Ablegen und das Kommen zum Menschen abgefragt. Beim Verkehrsteil soll der Hund zeigen, dass er entspannt an der Leine an fremden Menschen, Radfahrern, Autos etc. vorbeigehen kann.

Beißhemmung: Indem Hunde gerade im Welpenalter durch Schnappen und Beißen direkte Rückmeldung über ihre Beißkraft bekommen, lernen sie ihr Gebiss zu kontrollieren.

Beschwichtigung: Verhalten eines Hundes, das dem Gegenüber zeigen soll, dass von diesem Hund keine Gefahr oder Aggression ausgeht. Dieses Verhalten dient der Vermeidung von Konflikten.

binokulares Sehen: Beim binokularen Sehen kann das Lebewesen beide Augen auf einen Fixpunkt richten. Diese Fähigkeit ist für das plastische Sehen unabdingbar notwendig.

Defaekieren: Kot abführen (dabei wird der individuelle Geruch von den Analdrüsen abgegeben).

Defensive Drohung: Defensive Drohung sieht man während einer Konfrontation bei einem unsicheren Hund gegenüber einem Kontrahenten, der jedoch nicht bereit ist sich zu unterwerfen. Bei weiterem Druck des Gegenübers wird dieser Hund auch angreifen.

devot: unterwürfig

Domestikation: Haustierwerdung von Wildtieren

dominant: ranghoch, von hohem sozialen Status

EEG: Elektro-Enzephallogramm

Faeces: Kot

Fangzähne: Als Fangzähne werden die vier Eckzähne eines Raubtiergebisses bezeichnet, welche besonders stark ausgeprägt sind. Sie sind generell länger als die anderen Zähne und laufen vorne spitz zu. Jeweils zwei liegen im Ober- und im Unterkiefer, wobei sie den Kiefer in den Bereich der Backen- und die weiter vorne liegenden Schneidezähne einteilen. Backenzähne haben Raubtiere nur dann, wenn sie auch pflanzliche Nahrung fressen. Die Fangzähne werden von Raubtieren benutzt, um sich in dem Opfer zu verbeißen. Sie greifen in einer Zangenbewegung zu und versuchen dabei vitale Teile des Körpers des Opfers zu zerstören. Meist sind dies die Hauptschlagadern am Hals.

Hitze: Die Hitze nennt man die Zeit, in der die Hündin empfangsbereit, also deckbereit ist.

Individualdistanz: Mit Individualdistanz bezeichnet man den Radius, den ein Lebewesen um sich herum als „Höflichkeitsabstand" fordert. Diese hängt sowohl vom Gegenüber ab als auch vom Gemütszustand des Tieres. Es handelt sich also nicht um eine festzulegende Entfernung, sondern sie ist abhängig:
- von der Reizlage (Laune und Sozialisierung) des Hundes,
- von vorhandenen begehrlichen Objekten (Spielzeug, Knochen),
- vom Territorium und
- von der Rangordnung des Störers und ob er überhaupt zur sozialen Gruppe gehört.

infantil: kindlich

Imponiergehabe: Ausdrucksform des Hundes durch seine Körpersprache, z. B. Haarsträuben, steifer Gang, Scharren und Knurren beim Urinieren. Hiermit will der Hund sich selbst darstellen, er möchte von seinem Gegenüber wahrgenommen werden. Imponiergehabe gibt es sowohl unter gleichgeschlechtlichen Hunden als auch im sexuellen Kontext.

Jacobsonsches Organ: „Ein blindsackartiges, vom Nervus Olfactorius mitversorgtes, paariges Geruchsorgan im Mundhöhlendach einiger Säuger (Pferde, Katzen, Hunde), das eine Verbindung mit dem Rhinarium aufweist (feuchter, unbehaarter Nasenspiegel mit festgewachsener, gespaltener Oberlippe). Auch als vomeronasales Organ bezeichnet." (Feddersen-Petersen 2004)

Lefzen: Lippen des Hundes

Makrosmat: Lebewesen mit ausgezeichnetem Geruchssinn

Milchtritt: Tritt der Welpe mit den Pfoten an die Zitze der Hündin, regt dies den Milchfluss bei der Hündin an.

Motorik: Aktive Bewegungsvorgänge des willkürlichen Systems, die von der Hirnrinde gesteuert werden.

Myelinscheide: Isolierung der Nervenleitungen, die eine schnelle Weiterleitung der Reize ermöglicht.

Offensive Drohung: Ein dominanter, selbstbewusster Hund droht offensiv, um dem Gegenüber seine ranghöhere Position zu verdeutlichen. Er will dem Gegenüber mitteilen, dass er auch zu weiteren Aggressionen bereit ist.

olfaktorisch: riechbar

ontogenetisch: Unter der Ontogenese versteht man allgemein die Geschichte des strukturellen Wandels einer Einheit ohne Verlust ihrer Organisation. Im engeren Sinne bezeichnet der Begriff Ontogenese in der Entwicklungspsychologie und Psychoanalyse die (psychische) Entwicklung eines Individuums, in der Biologie die Individualentwicklung, also die Entwicklung des einzelnen Lebewesens von der befruchteten Eizelle zum erwachsenen Lebewesen. Dabei entwickeln sich beim Embryo nach und nach Organanlagen, aus denen Organe entstehen, in denen wiederum die Zellen (zu Geweben zusammengefasst) sich weiter spezialisieren. Die Ontogenese eines vielzelligen Organismus lässt sich in vier Phasen einteilen: Embryogenese, Juvenilstadium, Adultstadium, Seneszenz

parental: Unter parentalem Verhalten versteht man elterliches Pflegeverhalten, also beim Hund z. B. das Lecken des Welpen zur Stimulation des Kotabsatzes und die anschließende Säuberung des Welpen.

Passive Unterwerfung: Bei der passiven Unterwerfung macht der Hund seinem Gegenüber seine rangniedrere Position deutlich. Dieses Verhalten soll das Gegenüber beschwichtigen und weitere Aggressionen vermeiden. Es wird vom ranghöheren Hund eingefordert!

Peripheres Nervensystem: Das periphere Nervensystem bildet die Brücke des Zentralnervensystems zu allen Körperteilen. Jeder einzelne dieser Nerven ist ein Bündel aus sensorischen und motorischen Nervenfasern, Blutgefäßen und Bindegewebe.

Phänotyp: Ein Phänotyp ist das äußere Erscheinungsbild eines Organismus.

Pheromone: Duftstoffe

Prügelknabe: Ein Hund des Rudels wird von allen anderen gemobbt und als Prügelknabe „auserkoren". Häufig werden Hunde, die sehr aufdringliches Beschwichtigungsverhalten zeigen, zum Prügelknaben, da sie die Aufmerksamkeit des ganzen Rudels auf sich ziehen.

Pupille: Die Pupille ist der Teil des Auges, durch den das Licht in das Innere des Auges einfallen kann. Das Auge steuert durch Verkleinern (Miosis) oder Vergrößern (Mydriasis) der Pupille mit Hilfe des muskulären Anteils der Iris den Lichteinfall.

Reflex: Ein Reflex ist ein unwillkürliches, vom Körper nicht steuerbares Ansprechen auf einen Reiz.

Retina: Netzhaut des Auges

Riechepithel: Diese Schicht ist die oberste Zellschicht der Nasenhaut.

Rudel: Im Gegensatz zur Familie, die ausschließlich aus verwandtschaftlicher Beziehung besteht, ist das Rudel ein Zusammenschluss von Mitgliedern, die sich zwar alle kennen und identifizieren können, aber nicht unbedingt verwandt sein müssen. Die existenzielle Aufgabe ist die Nahrungsbeschaffung durch gemeinsame Jagd.

Sozialisation: Die Sozialisation (aus dem Latein) ist ein sozialwissenschaftlicher Begriff und bezeichnet die Entwicklung der Persönlichkeit aufgrund ihrer Interaktion mit einer spezifischen materiellen und sozialen Umwelt. Durch sie wird ein Individuum zu einem vollwertigen Teil der Gesellschaft.

Stäbchen: Stäbchen sind Zellen, die für das Schwarz-Weiß-Sehvermögen nötig sind.

submissiv: unterwürfig

taktil: berührbar, den Tastsinn betreffend

Tapetuum Lucidum: Diese Schicht ist eine an der Rückwand der Hundeaugen befindliche, Licht reflektierende Schicht, die das aufgenommene Bild verbessert und verstärkt.

T-Stellung: Diese Stellung bedeutet eine aktive Provokation, bei der sich ein Hund dem anderen in den Weg stellt. Die beiden Hunde bilden dabei die Form eines T.

Unterwerfung: Dieses Verhalten eines Hundes soll dem Gegenüber seine rangniedere Position und den Wunsch zur Vermeidung von Konfrontation und Aggression verdeutlichen.

Unterwolle: Die Unterwolle besteht aus weichen, dichten, meist kurzen feinen Haaren, die der Wärmeisolierung des Fells dienen.

Überspringshandlung: Dieses Verhalten zeigt der Hund unter starkem Druck und in Situationen, mit denen er nicht zurechtkommt. Er versucht durch Gähnen, Scharren, Niesen oder Schnuppern seine momentane Spannung zu lösen.

Vegetative Phase: Die Entwicklung des Welpen von der Geburt bis zur zweiten/dritten Lebenswoche nennt man vegetative Phase.

Violsche Drüse: Duftdrüse am Rutenansatz

visuell: sichtbar, den Sehsinn betreffend

Vomeronasales Organ: Siehe unter Jacobsonsches Organ.

Zapfen: Zapfen sind Zellen, die für das Farbsehen nötig sind.

Zentrales Nervensystem: Gehirn und Rückenmark bilden zusammen das Zentralnervensystem – die zentrale Schaltstelle des gesamten Nervensystems. Es ermöglicht dem Organismus auf zweierlei Weise sich zu orientieren: Die Sinnesorgane nehmen Reize aus der Umwelt auf, die in den Zentren der Hirnrinde zu Informationen verarbeitet werden. Die willkürlichen Bewegungen, die der Körper als Reaktion auf die Verarbeitung dieser Reize ausführt, werden dabei vom so genannten somatischen Nervensystem gesteuert.
Neben den Bewegungen der Gliedmaßen muss aber auch die Tätigkeit innerer Organe kontrolliert werden und hierfür ist das so genannte autonome (vegetative) Nervensystem zuständig.
Beide Teile – der vegetative und der somatische – bestimmen die Funktion des Zentralnervensystems – kurz ZNS. Die Nerven, die von diesem Zentrum ausgehen, werden peripheres Nervensystem – PNS – genannt.

Dank

Dieses Buch handelt von Kommunikation. Und hierbei geht es in aller erster Linie darum, sich zu verstehen. Alle Menschen, die dieses Projekt begleitet haben, haben verstanden und gefühlt, dass die Intensität, mit der dieses Buch entstanden ist, unerlässlich war.

Mein erster Dank gilt Sonja Lorenz. Danke, dass du verstehst, dass ich einfach nicht anders kann, als immer wieder neue Projekte ins Leben zu rufen und meine Ideen zu verwirklichen. Danke, dass du mich dabei so intensiv unterstützt.

Danke an Hilke Heinemann vom Kosmos Verlag. Danke, dass du verstehst, dass „auf den letzten Drücker" nicht immer zu Chaos führen muss und die Ruhe behältst.

Danke an meine Fotografin Melanie Grande. Danke, dass du seit vielen Jahren verstehst, wie viel Zeit Hunde brauchen…

Danke an Andrea Buisman. Danke, dass du Verständnis dafür hast, dass ich deine Überarbeitungen auch gerne eine Nacht vor Abgabe des Manuskriptes brauche.

Danke an Jeanette Przygoda. Danke, dass du verstehst, wie wichtig Recherche und Organisation im Vorfeld ist.

Danke an meine Hündin Mina. Danke, dass du verstanden hast, dass ich es zu Beginn unseres Zusammenlebens einfach nicht besser wusste.

Besonderer Dank geht an meine Familie. Marvin, Moritz, Milia und Marleen, ich bin mir sicher, dass ihr heute schon mehr von mir versteht, als ich es je für möglich gehalten habe. Danke, dass ihr es mir so leicht macht, euch zu verstehen.

Bianca, danke, dass du so viel Verständnis für die Intensität und Leidenschaft aufbringst, mit der ich meinen Beruf lebe. Danke aber vor allem, dass du nicht aufgibst…

Der Autor

Eigentlich wollte **Martin Rütter** Sportreporter werden, doch die Liebe zum Hund und das Interesse an seiner Lebensweise und Kommunikation brachten ihn auf einen anderen Weg. Er sah, wie viele Menschen sich mit der Verständigung schwer taten, und dass die meisten Missverständnisse zwischen Mensch und Hund auf Kommunikationsproblemen beruhen. So gründete er 1992 sein „Zentrum für Menschen mit Hund", in dem er nach neuesten Kenntnissen aus der Verhaltensforschung seine Trainingsphilosophie D.O.G.S. (Dog Orientated Guiding System) aufgebaut hat und ständig weiterentwickelt. Sie basiert auf einem leisen Umgang und der Anerkennung der individuellen Persönlichkeit von Mensch und Hund.

Mittlerweile gibt es in ganz Deutschland und der Schweiz Hundeschulen, die nach D.O.G.S. arbeiten und in denen vor allem der Mensch im Vordergrund steht und mit seinen Problemen ernst genommen wird. Hier lernen Hund und Mensch gemeinsam in entspannter Atmosphäre aufeinander zu achten und den Alltag zu meistern. Über 200.000 Mensch-Hund-Gespanne haben bereits von diesem Angebot profitiert.

Doch ganz hat sich Martin Rütter vom Entertainment nicht verabschiedet und es ist ein großes Erlebnis, ihn live auf seinen Vortragstourneen zu erleben. Nach diesem Abend weiß man, wie „Hundemenschen" ticken und hat nicht nur gelacht, sondern auch viel gelernt.
Zudem setzt er sich in den Medien für eine bessere Mensch-Hund-Beziehung ein. In seinen TV-Sendungen „Eine Couch für alle Felle", „Ein Team für alle Felle", „Unterwegs mit dem Hundeversteher" und „Der Hundeprofi" hilft Deutschlands beliebtester Hundeexperte auch in schwierigen Fällen. Und das nicht nur während der Dreharbeiten, sondern auch darüber hinaus.

Martin Rütter's D.O.G.S.
Für Menschen mit Hund

Martin Rütter's D.O.G.S. ist eine innovative Trainingsphilosophie zur Ausbildung von Mensch & Hund. Das große Interesse von Ratsuchenden und Fachleuten aus ganz Deutschland sowie den Nachbarländern hat den Tierpsychologen dazu bewogen, seine Lehre an ausgewählte Partner weiterzugeben und so ein kompetentes Netzwerk aus qualifizierten D.O.G.S.-Coaches aufzubauen.

An diesen Standorten sind wir bereits mit einem „Zentrum für Menschen mit Hund" für Sie da:

Aachen – Arnsberg – Bayreuth – Bochum/Witten – Bonn – Buchholz i.d.N. – Darmstadt/Weiterstadt Dessau/Köthen – Duisburg/Moers – Düsseldorf – Dortmund – Flensburg – Hagen/Iserlohn Kiel – Konstanz – Ludwigshafen am Rhein – Mainz – Oberhausen/Mülheim – Paderborn – Peine Schaffhausen (Schweiz) – Thurgau (Schweiz) – Wolfsburg/Braunschweig

Wir suchen Verstärkung!

Wenn Sie überzeugt sind, dass Sie gerne mit Menschen und ihren Hunden nach D.O.G.S. arbeiten möchten, und Sie Lust haben, langfristig zu lernen, freuen wir uns auf Ihre Bewerbung. Bitte senden Sie uns zum Kennenlernen Ihren aussagekräftigen Lebenslauf, vollständige Personalien und ein aktuelles Lichtbild an:

M.I.N.A. Trading GmbH
Martin Rütter
Stichwort „Bewerbung"
Pützchens Chaussee 56
53227 Bonn
E-Mail:
bewerbung@mina-trading.de

D.O.G.S. – Individuell. Partnerschaftlich. Leise.

Nützliche Adressen

D.O.G.S.
Zentrum für Menschen mit Hund
mruetter@d-o-g-s.net
www.ruetters-dogs.de

Fédération Cynologique
Internationale (FCI)
Place Albert 1er, 13
B – 6530 Thuin
Tel.: 0032 71 59 12 38
Fax: 0032 71 59 22 29
info@fci.be
www.fci.be

Verband für
das Deutsche Hundewesen (VDH)
Westfalendamm 174
D – 44041 Dortmund
Tel.: 0231 56 50 00
Fax: 0231 59 24 40
Info@vdh.de
www.vdh.de

Österreichischer Kynologenverband
(ÖKV)
Siegfried-Marcus-Str. 7
A – 2362 Biedermannsdorf
Tel.: 043 (0) 22 36 710 667
Fax: 043 (0) 22 36 710 667 30
office@oekv.at
www.oekv.at

Schweizerische Kynologische
Gesellschaft (SKG)
Länggassstr. 8
CH – 3001 Bern
Tel.: 031 306 62 62
Fax: 031 306 62 60
skg@hundeweb.org
www.hundeweb.org

Quellen

Aldington, Eric H. W. (1986): **Von der Seele des Hundes.** Wesen, Psychologie und Verhaltensweisen des Hundes. Gollwitzer Verlag, Weiden

Anger M. A., Eberhard; Dr. Volkert, Klaus (1991): **Das große Buch des Allgemeinwissens.** Ein unentbehrliches Nachschlagewerk f. d. ganze Familie. Verlag Das Beste, Zürich/Wien

Bailey, Gwen (1998): **Sprich die Sprache deines Hundes.** Praxisorientierter Erziehungsratgeber. Müller Rüschlikon Verlag, Schweiz

Bammes, Gottfried (1991): Grosse Tieranatomie: **Gestalt, Geschichte, Kunst.** Maier Verlag, Ravensburg

Bammes, Gottfried (2001): **Tiere zeichnen.** Seemann Verlag, Leipzig

Bloch, Günther (2004): **Der Wolf im Hundepelz.** Hundeerziehung aus einer anderen Perspektive. Kosmos Verlag, Stuttgart

Bloch, Günther (2001): **Der Familienbegleithund im modernen Hausstand.** Verhaltensbeobachtungen an Menschen und ihren Hunden. Westkreuz-Verlag GmbH, Berlin/Bonn

Bloch, Günther und Peter Dettling (2009): **Auge in Auge mit dem Wolf.** 20 Jahre unterwegs mit frei lebenden Wölfen. Kosmos, Stuttgart

Böttinger, Bettina (Hrsg.) (2004): **Eine Couch für alle Felle.** Probleme im Hundealltag? Analysen und Lösungen von Tierpsychologe Martin Rütter. Egmont vgs Verlagsgesellschaft mbH.

Böttinger, Bettina (Hrsg.) (2004): **Eine Couch für alle Felle 2.** Tierische Probleme – leicht gelöst mit Martin Rütter. Egmont vgs Verlagsgesellschaft mbH.

Coren, Stanley (2002): **Die Geheimnisse der Hundesprache.** Lernen Sie Ihren Hund verstehen und mit ihm zu kommunizieren. Kosmos Verlag, Stuttgart

Donaldson, Jean (2000): **Hunde sind anders... Menschen auch.** So gelingt die problemlose Verständigung zwischen Mensch und Hund. Kosmos Verlag, Stuttgart

Ellenberger, Wilhelm (1956): **An atlas of animal anatomy for artists.** Dover-Verlag, New York

Feddersen-Petersen, Dorit (1986, 2004): **Hundepsychologie.** Wesen und Sozialverhalten. Kosmos Verlag, Stuttgart

Fennell, Jan (2001): **Mit Hunden sprechen.** Ullstein Verlag, München

Feltmann von Schroeder, Gudrun (1993): **Hund und Mensch im Zwiegespräch.** Expertenrat für den Hundehalter. Kosmos Verlag, Stuttgart

Fogle, Bruce (1993): **Hunde kennen und verstehen.** Körpersprache und Verhalten. BLV, München

Gansloßer, Udo (2007): **Verhaltensbiologie für Hundehalter.** Kosmos Verlag, Stuttgart.

Hallgren, Anders (1995): **Lehrbuch der Hundesprache - Mit dem Hund auf du.** Oertel+Spörer, Reutlingen

Hamm, Jack (1983): **How to draw animals.** Berkley Verlag, New York

Höhn, Monika (1997): **...dann beißt dich der Hund.** Wie Kinder und Erwachsene das Verhalten von Hunden verstehen lernen. Kynos-Verlag, Mürlenbach

Lange, Monika (2000): **Mit Katz und Hund auf du und du.** Rowohlt-Tachenbuch-Verlag, Reinbek bei Hamburg

Molcho, Samy (2001): **Alles über Körpersprache.** Mosaik Verlag

Morris, Desmond (1987): **Dogwatching.** Die Körpersprache des Hundes. Wilhelm Heyne Verlag, München

Muybridge, Eadweard: **Muybridge's complete human and animal locomotion/3**

Neville, Peter (1992): **Versteh' deinen Hund.** Müller Rüschlikon, Stuttgart

O'Heare, James (2004): **Das Aggressionsverhalten des Hundes.** Ein Arbeitsbuch. animal learn Verlag, Grassau

Rugaas, Turid (2001): **Calming Signals.** Die Beschwichtigungssignale der Hunde. animal learn Verlag, Grassau

Sagasser, Z.; Rodemann, P.; Clarin, Hans (1984): **So spricht der Hund.** Klett-Verlag, Stuttgart

Schöning, Barbara (2001): **Hundeverhalten.** Kosmos Verlag, Stuttgart

Stockmann, Friederun (1985): **Das Gangwerk des Hundes: Typ, Bewegungsformen, Anatomie und Gebäude.** Gollwitzer Verlag, Weiden

Trumler, Eberhard (1980): **Hunde kennen und lieben.** Engelbert Verlag, Balve

Zimen, Erik (1988): **Der Hund.** C. Bertelsmann GmbH, München

KOSMOS.
Wissen aus erster Hand.

Hunde richtig verstehen

Mit Hilfe dieser DVD lernen Sie, auf die differenzierten Signale Ihres Hundes zu achten und sie zu verstehen – die beste Voraussetzung für eine gute Mensch-Hund-Beziehung.

Martin Rütter | Sprachkurs Hund
DVD (ca. 100 Min.), €/D 19,95*
ISBN 978-3-440-11566-4

Hilfe vom Experten

In diesem Buch zeigt Martin Rütter, welche Ursachen hinter der Angst stehen, wie man die ersten Anzeichen erkennt und welche Möglichkeiten es gibt, seinem Hund wieder mehr Selbstvertrauen und damit mehr Lebensqualität zu geben.

Martin Rütter | Angst bei Hunden
160 S., 200 Abb., €/D 19,95
ISBN 978-3-440-10828-4

Das Hörbuch

Der Live-Mitschnitt von Martin Rütters Vortragstourneen – eine Stunde Infotainment der Extraklasse rund um das Thema Mensch und Hund. Mit Witz, Charme und fundiertem Sachverstand.

Martin Rütter | Hör mal, Mensch! Dein Hund.
Audio-CD (ca. 60 Min.), €/D 9,99*
ISBN 978-3-440-12179-5

www.kosmos.de/hunde

Martin Rütter.
Freude im Alltag mit Hund.

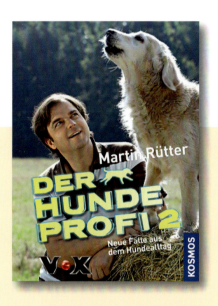

Das Begleitbuch zur Serie

Bei der Hundeerziehung kann so manches schief gehen, weiß Martin Rütter. Aus der beliebten TV-Sendung „Der Hundeprofi" auf VOX hat er weitere interessante Fälle ausgewählt und zeigt mit Verständnis und Humor Lösungen für Probleme, die jeder Hundehalter kennt: Von Staubsauger-Attacken bis hin zu mangelnder Spielfreude.

Martin Rütter | Der Hundeprofi 2
128 S., ca. 170 Abb., €/D 12,95
ISBN 978-3-440-12265-5

Partnerschaftlich und leise

Erfahren Sie mehr über die Grundlagen einer guten Beziehung, welche Signale Ihr Hund verstehen sollte und wie Sie mehr Abwechslung in Ihren gemeinsamen Alltag bringen können.

Martin Rütter | Hundetraining mit Martin Rütter
160 S., 221 Abb., €/D 19,95
ISBN 978-3-440-10827-7

Gibt es auch als iPhone Applikation!

Martin Rütter |
Hundetraining mit Martin Rütter
DVD (ca. 60 Min.), €/D 19,95*
ISBN 978-3-440-10891-8

www.ruetters-dogs.de

Register

Aaswälzen 56
Abgrenzung, territoriale 48
Akustik 66
Allogrooming 136
Analdrüsen 50, 52
Analwittern 52
Anrempeln 130
Anstupsen 129
Appetenz 32
Aufreiten 130
Augenbrauen 114
Axon 30

Begrüßungsverhalten 53
Beißhemmung 136, 138
Bellen 74
> alarmierendes 76
> ängstliches 80
> bedrohtes 76
> begrüßendes 76
> forderndes 77
> korrigierendes 76
> wachsames 75
> warnendes 75
Bellheulen 72
Beschnuppern 51
Beschwichtigung 53
Beschwichtigungsbogen 121, 122
Beschwichtigungsgesten 118
Besitzanspruch 50
Bewegungsformen 100
Beziehung 13
Bindung 26
Blick abwenden 119
Blick, zielgerichtet 21
Blickdauer 115
Blickkontakt, ängstlicher Hund 115
Blickrichtung 115
Bodenwittern 54
Brust, geschwellte 20

Defaekieren 50
Distanz 22
Domestikation 26
Dominanz 21
> pflegende 29
Drängeln 130
Drohgebärde 21
Duftsignale 42
Duftstoffe 44

Empfänger 10
Endhandlung 32
Erstarren 120

Fähigkeiten, angeborene 35
Fellberührungen 126
Fellfarbe 113
Fellstruktur 113
Fiepheulen 72

Gartenzaunkläffer 78
Genitalwittern 53
Geruchssinn 41
Gestik 10
Gliedmaßen 96, 102

Haltung 108
> aktive Unterwerfung 111
> aufmerksam 108
> defensive Drohung 110
> entspannt 108
> offensive Drohung 110
> passive Unterwerfung 111
> verspielt 108
Hängeohren 65
Haustürkläffer 78
Hecheln 82
Heulen, Einsamkeit 72
Heulen, territorial 72
Hilfeschrei 28
Hörfrequenz 62

Hundebegegnungen 53
Hundespaziergang 48

Imponiergalopp 56, 101
Imponiergehabe 20, 56
Imponierhaltung 109
Imponiertrab 56, 100
Individualdistanz 19, 22

Jacobsonsches Organ 42
Jaulen 73

Knurrbellen 81
Knurren, tiefes 80
Knurren, weiches 80
Kommunikation 10
Konfrontation 23
Kontakt, Hunde 35
Kontakt, Menschen 35
Kontaktaufnahme 132
Kontaktliegen 132
Kopf abwenden 118
Kopf auflegen 128
Kopfhaltung 95, 102
Körperhaltung 102
Körperkontakt 28
Körperpflege 132
Körpersprache 8, 22
Körpersprache, Mensch 16

Laute 70
Lautsprache 22
Lecken 54
Leckstimulation 29
Lefzen 116
Lernerfahrung 26

Makrosmat 41
Markieren 18, 44
> territorial 46
> Zusammenhalt 45
Maul 116
Menschen, fremde 19

Mensch-Hund-
   Beziehung 13
Milchtritt 29
Mimik 8, 23, 112
Missverständnisse 9
Mobbing 49
Motivation 32
Myelinscheide 30

Nackenstoß 129
Nase lecken 120
Nasenrücken 116
Nasenschleimhaut 41
Nasenspiele 58
Nervensystem,
   Peripheres 30
Niesen 83

Ohren 116
Ohrformen 65
Orientierung 45

Pendelbewegungen 28
Pfeife 66
Pflegemaßnahmen 134
Pfote anheben 121
Pfote auflegen 128
Pheromone 44
Prägephase 34
Pupillen 114

Quieken 84

Reflex 28
Reiben, an Menschen 50
Reize 28
Reizweiterleitung 30
Revierkennzeichnung 45
Revierverhalten 18
Riechtechnik 42
Robben, kreisförmiges 28
Rudeltier 13
Rumpf 97, 103
Rute 97, 104
> aufrecht 105
> eingeklemmt 106
> kupiert 106
> tief 105

> überm Rücken 105
> waagrecht 104
Rutewedeln 54

Scharren 46
Schmerzschrei 84
Schnaufen 81
Schweißspur 54
Sehen 90
> Bewegungen 91
> Dämmerung 90
> fern 92
> nah 92
> peripheres 92
Sender 10
Sich abwenden 119
Sicherheitsabstand 22
Signal Ruhig 9
Signale 9, 10, 66, 68
Sozialisation 35
Sozialkontakt 49
Sozialpartner 13, 19
Spaziergangkläffer 79
Spiel 94
Spielaufforderung 94
Spielzeug 86
Sprache 10
Stehohren 65
Stirn 116
Streicheln 126

Territorialverhalten 18
Tondauer 71
Töne 66
Tonlage 70
T-Stellung 107

Über-die-Schulter-
   Schauen 22
Überlegenheit 20
Übersprungshandlung
   117
Umweltreize 34
Unterwerfung 111
Unterwerfung,
   scheinbare 111
Urinieren 44
> submissiv 46

Verhaltenssteuerung,
   Regelkreis 31
Verhaltensweisen,
   genetisch fixiert 28
Vermenschlichung 13
Vertrauen 22, 134
Violsche Drüse 54
Vomeronasales Organ 42

Wachstumsprozess 30
Wälzen 56
Wedeln 121
> breites 98
> langsames 99
> Rutenspitze 98
> schnelles 98
> schwingendes 98
> vibrierendes 98
> zur Seite 98
Welpenschutz 48
Winseln 84
> klagendes 84
> sanftes 84
Wittern 52
Wuffen 73

Zähneklappern 54, 87
Zerrspiele 134

Bildnachweis

206 Farbfotos wurden von Melanie Grande/Kosmos für dieses Buch aufgenommen.

Weitere Farbfotos von Andrea Buisman (4: Seite 28/29)

Mit einer Illustration von Anja Spinne (Seite 107).

Impressum

Umschlaggestaltung von eStudio Calamar unter Verwendung von zwei Farbfotos von Melanie Grande.

Mit 210 Farbfotos und einer Illustration.

Alle Angaben in diesem Buch erfolgen nach bestem Wissen und Gewissen. Sorgfalt bei der Umsetzung ist indes dennoch geboten. Der Verlag und der Autor übernehmen keinerlei Haftung für Personen-, Sach- oder Vermögensschäden, die aus der Anwendung der vorgestellten Materialien und Methoden entstehen könnten.

Unser gesamtes lieferbares Programm und viele weitere Informationen zu unseren Büchern, Spielen, Experimentierkästen, DVDs, Autoren und Aktivitäten finden Sie unter **www.kosmos.de**

Gedruckt auf chlorfrei gebleichtem Papier

© 2009, Franckh-Kosmos Verlags-GmbH & Co. KG, Stuttgart.
Alle Rechte vorbehalten
ISBN 978-3-440-11225-0
Redaktion: Hilke Heinemann
Gestaltungskonzept: eStudio Calamar
Gestaltung und Satz: Atelier Krohmer, Dettingen
Produktion: Eva Schmidt
Printed in Germany / Imprimé en Allemagne

Mix
Produktgruppe aus vorbildlich bewirtschafteten Wäldern, kontrollierten Herkünften und Recyclingholz oder -fasern
Product group from well-managed forests, controlled sources and recycled wood or fibre
Zert.-Nr. SGS-COC-004238
www.fsc.org
© 1996 Forest Stewardship Council